庙宇

游文中北
典化轴京
　　线

和风穆雨

北京非物质文化遗产保护中心
组织编写

宗春启　著

北京出版集团
北京出版社

图书在版编目（CIP）数据

庙宇：和风穆雨 / 北京非物质文化遗产保护中心组织编写 ；宗春启著. — 北京 ：北京出版社，2021.10
（北京中轴线文化游典）
ISBN 978-7-200-16083-3

I. ①庙… II. ①北… ②宗… III. ①寺庙—介绍—北京 IV. ① K928.75

中国版本图书馆 CIP 数据核字（2020）第 255393 号

北京中轴线文化游典
庙宇
和风穆雨
MIAOYU
北京非物质文化遗产保护中心　组织编写
宗春启　著

*

北 京 出 版 集 团
北 京 出 版 社　出版
（北京北三环中路 6 号）

邮政编码：100120

网　　址：ｗｗｗ.ｂｐｈ.ｃｏｍ.ｃｎ
北京伦洋图书出版有限公司发行
北京鑫益晖印刷有限公司印刷

*

787毫米×1092毫米　16开本　21印张　246千字
2021年10月第1版　2023年7月第2次印刷
ISBN 978-7-200-16083-3
定价：79.80 元
如有印装质量问题，由本社负责调换
质量监督电话：010-58572393

总　序

　　"一城聚一线，一线统一城"，北京中轴线南端点在永定门，北端点在钟楼，位居北京老城正中，全长 7.8 千米。在中轴线上有城楼、御道、河湖、桥梁、宫殿、街市、祭坛、国家博物馆、人民英雄纪念碑、人民大会堂、景山、钟鼓楼等一系列文化遗产。北京中轴线自元代至今，历经 750 余年，彰显了中华民族守正创新、与时俱进的文脉传承，凸显着北京历史文化的整体价值，已经成为中华文明源远流长的伟大见证。

　　北京中轴线是北京城市的脊梁与灵魂，蕴含着中华民族深厚的文化底蕴、哲学思想，也见证了时代变迁，体现了大国首都的文化自信。说脊梁，北京中轴线是中华民族都市规划的杰出典范，是北京城市布局的脊梁骨，对整座城市肌理（街巷、胡同、四合院）起着统领作用，北京老城前后起伏、左右对称的建筑或空间的分配都是以中轴线为依据的；说灵魂，北京中轴线所形成的文化理念始终不变，尚中、居中、中正、中和、中道、凝聚、向心、多元一统的文化精神始终在中轴线上延续。由此，北京中轴线既是历史轴线，又是发展轴线，还是北京建设全国文化中心的魅力所在、资源所在、优势所在。

北京中轴线是活态的，始终与北京城和中华民族的发展息息相关。在历史长河风云变幻中，一些重大历史事件都发生在中轴线上，同时中轴线始终有社会生活的烟火气，留下了京城百姓居住、生活的丰富印迹。这些印迹既有物质文化遗产，又有非物质文化遗产；这些印迹不仅有古都文化特色，还有对红色文化的展现、京味文化的弘扬、创新文化的彰显。中轴线就像一个大舞台，包括皇家宫殿、士大夫文化、市民生活，呈现开放包容、丰富多彩、浓厚的京味，突出有方言、饮食、传说、工艺、科技以及各种文学、艺术等。时至近现代，在中轴线上还有展现中华民族革命斗争的历史建筑和社会主义现代化建设的红色文化传承。今天，古老的中轴线正从历史深处昂扬走向璀璨的未来，在传统文化与现代文明的滋养中焕发出历久弥新的时代风采。

北京中轴线是一张"金名片"，传承保护好以中轴线为代表的历史文化遗产是首都的职责，也是每一个市民的责任。以文塑旅，以旅彰文，"北京中轴线文化游典"是一套以学术为支撑，以普及为目的，以文旅融合为特色，以"游"来解读中轴线文化的精品读物。这套读物共 16 册，以营城、建筑、红迹、胡同彰显古都风韵，以园林、庙宇、碑刻、古狮雕琢文明印迹，以商街、美食、技艺、戏曲见证薪火相传，以名人、美文、译笔、传说唤起文化拾遗。书中既有对北京城市整体文化的宏观扫描，又有具体而精微的细节展现；既有活跃在我们生活中的文化延续，也有留存于字里行间的珍贵记忆。

　　本套丛书自规划至今已近 3 年，很多专家学者在充分的交流与研讨中贡献了真知灼见，为丛书的编辑出版提供了宝贵建议。在此，我们对所有参与课题调研、交流研讨的专家学者以及众多编者、作者表示感谢。

　　"让城市留住记忆，让人们记住乡愁。"北京中轴线的整体保护与传承，不仅是推进全国文化中心建设的重要举措，更是我们这一代人的历史责任与使命。只有正确认识历史，才能更好地开创未来。要讲好中轴线上的中国故事、传递好中国声音、展示好中国形象，使这条古都的文化之脊活力永延。我们希望"北京中轴线文化游典"的问世，能让历史说话，让文物说话，让专家说话，让群众说话，陪伴您在游走中了解北京中轴线的历史文化内涵，感知中轴线上的文化遗产，体验首都风范、古都风韵、时代风貌，不断增强文化获得感，共筑中国梦。

李建平

2021 年 4 月

目　录

前　言

找寻藏在庙宇里的故事

纵穿北京城，有一条南起永定门、北至钟鼓楼的中轴线。围绕这条中轴线出一套丛书，通过展示这条线上及两侧的建筑、园林、河湖、桥梁、碑刻、庙宇，深入介绍北京城深厚悠久的文化和历史，真是一个再好不过的创意。承蒙北京市文旅局和北京出版社的信任，把介绍中轴线上及其附近庙宇的题目交给了我。

之所以敢接下写这本书的任务，原以为对北京的寺庙并不陌生。在报社当记者时，为写智化寺我登上过万佛阁；北海白塔前善因寺里大威德金刚重塑，我做过采访报道；鸦儿胡同小学里秘藏的千手观音移往颐和园，是我发稿子披露的。我还在报纸上呼吁过对大隆福寺藻井的保护，参加过广化寺佛像开光大典及修明方丈升座仪式……但是动笔之后才感觉到，那点儿积累太不够用了。虽然手头收集了不少关于北京文史的书籍，但其中有关寺庙的材料只是些零散的碎片。在众多的史料中搜寻那些碎片是何等劳神费力，只有自己知道。有时候，明明记得有个有用的记载，就是想不起是哪本书里的，只好一本一本、一页一页从头翻找。然而也正因为费力，一旦有所发现，也特有成就感。我把收获和发现都写进了这本书里，呈给用得着的人士和感兴趣的读者共享。

因为本书是中轴线丛书中的一部，所以介绍哪些寺庙首先要在中轴线及其两侧选择。中路，以正阳门关庙和观音庙开头，写到了原在今天安门广场边缘的药王庙和堂子，写了中南海紫光阁之北的时应宫和紫禁城周边的风、云、雷神庙，位于景山东麓的立马关帝庙，还写到了奥林匹克公园里的北顶娘娘庙。东路，写了东晓市的精忠庙，位于东城区的袁崇焕祠墓、于谦祠，小南城的普度寺。智化寺离中轴线稍远，因为保存完好又有故事可说，也写到了。西路，写了南北两座教堂、北海公园里的永安寺和阐福寺，连带介绍了大西天、小西天，还写了离中轴线稍远些的白塔寺。按说，广安门内的法源寺更靠近中轴线，又是始建于唐代的古刹，本应该写的，但因防范疫情寺门紧闭，我打了一圈电话，费了半天口舌，就是不许我这个俗人踏进佛门一步，只好作罢。再者，篇幅有限，许多寺庙只好放弃了。本书总共写了三十六篇，介绍了四十余座庙宇。

北京有着三千多年的建城史和八百多年的建都史，多个民族共处，多种宗教并存，寺庙多、道观多、教堂多、清真寺多。清乾隆年间绘制的京城全图中，共标出内外城寺庙一千二百余处。1928年，北平当局对全市的庙宇进行过一次登记，得到的庙宇数字为一千七百三十四处。1936年再次登记，得到的数字是一千一百三十五处。到 1947 年第三次登记的时候，庙宇仅存七百八十三处。时下北京城内外现存多少座寺庙，数字我一时没有查到。

寺庙总数的减少，有其历史的必然。因为寺庙大多为砖石结构，如若年久失修，再遇火灾地震，庙宇便会坍塌倾圮，许多寺庙就自生自灭了。比较典型的是曾经位于西单附近的双塔寺。双塔寺始建于金章宗时期，元代叫庆寿寺，明朝正统年间重修后改叫大兴隆寺，壮丽甲于京城诸寺。明嘉靖十四年（1535），寺院建筑毁于大火，僧人被遣散，原地仅余两座僧塔。清乾隆二十九年（1764）重修后，规模已大为缩小。新中国成立后，为拓宽西长安街，双塔被拆除。更多的寺庙毁于外敌入侵和社会动荡。位于北中轴延长线附近的双黄寺，毁于英法联军入侵；北海西岸供奉旃檀古佛的宏仁寺，被八国联军烧毁。20 世纪 60 年代大破"四旧"，许多寺庙被砸烂。地处闹市和风景区的寺庙首当其冲，就连深山中的古刹也难幸免。昌平区沟沟崖中有座北武当山玉虚观，虽处幽谷深处，仍然没有逃脱被砸烂的下场。

改革开放以后，政府拨重金修缮了一些著名寺庙，使之在蓬勃兴起的文化旅游事业中焕发出新的生命。如今中外游客来北京旅游，有些寺庙是必须要去的，如西山的碧云寺、北京城里的雍和宫等等。还有不少寺庙正在腾退和准备修复之中，如城北的拈花寺。可以预言，在不久的将来，将有更多美轮美奂的寺庙道观，成为北京旅游的热点。我想，我写的这本书，也可以是为这一前景做些准备的。

通过这本书向读者介绍什么？我想，游客踏进一座庙宇，其建筑风格、雕塑壁画可以观察得到；进而更想知道的，应该是这座庙宇的建造背景、身世经历以及与此庙宇有关联的人和故事。这是我写这本书的出发点。

本书提到的庙宇，有的已然得到了修缮保护，有的尚有迹可寻，有的则踪迹全无。已然消失的庙宇为什么还要写？是因为有故事可讲，在历史记载中有着较为重要的一页。比如法华寺，戊戌变法过程中，这里曾经上演过令人震撼的历史活剧。利用文字加以再现，可让读者了解历史、重温历史。比如育群胡同的天后宫，是北京内城中唯一的一座妈祖庙。它不仅是南北文化交融的产物，还承载着一段清廷对台湾的历史。再比如贤良寺，是庚子事变之后产生《辛丑条约》的地方，重温那段历史，可提醒国人勿忘国耻、以立志振兴我中华。本书也顺便介绍了宣武门教堂和西什库教堂。两座教堂在北京的存在，证明着我们党尊重和保护信仰自由的宗教政策，诠释着中华民族的文化自信和包容各种文化的博大胸怀。

本人学新闻出身，以办报为职业，崇尚真实，不善虚构，对胡编乱造一向深恶痛绝。所以，本书中所涉及的史实皆有出处。对于一件事的不同记载，则尽量客观陈述各种说法，供读者自己去分析判断。

常言道："术业有专攻。"虽说我一直对北京文史感兴趣，但毕竟是业余。如果本书尚有可圈可点之处，首先要归功于北京市文旅局的高妙创意，归功于北京出版社提供的宝贵机会，还要感谢杨良志先生的大力帮助、悉心指导，感谢本书责任编辑、美术编辑和检校人员所付出的艰辛。

宗春启

2020 年 8 月

第一辑

中路 领略千载沧桑

妙峰山進香　方砚绘

正阳门庙：九城关庙此为尊

　　正阳门瓮城没有拆除改建的时候，正阳门共有五个城门洞。中间的正门平时紧闭，只有皇帝出入时才打开；东西两侧各有两个门洞，供百姓出入。正门两侧各有一座庙宇。西侧庙宇里供奉的是

正阳门南面瓮城

"汉前将军关侯"，即三国时期的蜀汉前将军关羽。

明朝初年改建北京城，九座城门的瓮城里都建有一座关庙，而数正阳门庙的位置最尊、影响最大、受到的膜拜最多。

永乐定都建关庙

据 1936 年北平市政府社会局完成的寺庙登记中记载：正阳门关帝庙，建于明永乐年。确切地说，当是永乐十七年（1419），和正阳门城楼一起诞生的。

明朝人孙国敉著的《燕都游览志》中说："关帝庙在正阳门月城之右，每年五月十三致祭。先十日，太常卿提遣本寺堂上官行礼。是日，民间赛会尤盛。凡国有大灾则祭告之。庙有董太史书、焦太史所撰碑记，时称二绝。"董太史，即董其昌，今上海人，明代书画家，万历十七年（1589）进士，授翰林院编修，官至南京礼部尚书。焦太史，即焦竑，今南京人，万历十七年状元，授翰林院修撰，著名思想家、藏书家、古音学家、文献考据学家。

正阳门关侯庙碑立于万历十九年（1591）。碑文分序、词两部分，表达了对关侯的颂扬、崇拜："桓桓关侯，天挺神武。金节若於，如黑如虎。逸气干霄，英风绝侣。……炳炳丹心，天高日午。"碑文说，成祖朱棣定都北京，完成一系列重大工程，是因为得到了关侯庇佑，所以，要恭建神庙，请关侯保佑大明朝。

庙内原有一尊关羽的塑像，据说尺寸较小。有一说法是：明嘉靖年间，明世宗朱厚熜命人刻制了一尊木质大像，两像一度曾同时

明代书画家董其昌书写的碑文拓片

摆放，后来又将木雕像移至宫中，明末毁于李自成。而据清人《藤阴杂记》载录，天启时宫中塑关圣像二尊，一大一小。有日者推算小者福寿绵长，香火百倍；大者不及。熹宗遂以小者弃置正阳门右侧小庙，而供大像于后宫，增其祭品，以穷日者之言。未几李自成入宫，大像被毁，而前门小像香火极盛。

庙中北平市政府社会局登记的"法物"有：神像十四尊，画像一帧，铁鼎炉一个，琉璃五供五件，铜铁瓷香炉十一个，铜锡蜡扦六件，铜钟一口，铁磬一口，《玉皇经》一部，《关帝全书》一部，神马一匹，青龙刀三柄，另有碑十一座，刻十块。这些"法物"中，有几件堪称宝贝。

那口铁磬，重百余斤，虽然是铁铸的，但是叩之声音如铜，清亮悦耳。

那匹神马，是用汉白玉雕刻的，最初应该是被涂成赤兔马的颜色。有碑文为证："侯甲皑皑，亦赭其马。"

那帧关公画像，画心长六尺五寸、宽三尺五寸，并无署款，传说

005

是唐代大画家吴道子手笔，也有人说是由明代内廷流出的。据见过的人说，"此画古旧，颇可珍贵"；画中所绘关帝，"英气勃勃，眉髯如生"，"实为美术上有价值之物"；为防止盗卖，北平市政府社会局曾在该画像背后上端左角加盖登记戳记，"望慎重保存"。

那三柄青龙偃月刀更是稀罕物：最大的一柄长两丈，重四百斤；另外两柄，一重一百二十斤，一重一百八十斤。三柄大刀都是清嘉庆年间陕西绥德城守营都司马国镒出资，由前门外打磨厂三元刀铺铸造的。每年五月初九日，关庙都要举行一次磨刀典礼：由三元刀铺的工匠将刀请出、磨亮，再放回原处。三柄大刀哪柄都够重，真不知当年工匠们是怎么搬动并打磨的。

这些个"法物"弥足珍贵，后来大都不知去向。

加封关侯为圣帝

被老百姓尊称为关公、关老爷的关羽，字云长，本字长生，河东郡解县（今山西临猗西南）人。东汉末年，黄巾造反，天下大乱。涿郡（今河北涿州市）的刘备在乡里召集人马，关羽与张飞前往投奔，三人决定一起做一番大事，"誓共生死"。《三国志·蜀书》中说，刘备与关羽、张飞二人"寝则同床，恩若兄弟。而稠人广坐，侍立终日，随先主（刘备）周旋，不避艰险"。官渡之战前，刘备被曹操击败，关羽被俘。曹操知道他武艺高强，拜他为偏将军。在解白马城之围时，关羽因斩杀袁绍大将颜良而立功，曹操表封他为汉寿亭侯。所以，后人称之为"关侯"。曹操为了将他留住，重加赏赐，上马金、下马银。可是关公不稀罕，一听到刘备的确切消息，立刻"尽封所赐，拜书告辞"，把赏赐全部还给曹操，回到了刘备身边。

刘备自立为汉中王，委派关羽镇守荆州。建安二十四年（219），刘备任命他为前将军，率兵攻打曹仁于樊城。他所向披靡，降于禁，杀庞德，使北方震动，曹操为了躲避他的进攻甚至想要迁都。"螳螂捕蝉，黄雀在后。"孙权袭取荆州，关公兵败被杀。刘备追谥他为壮缪侯。所以，正阳门庙碑额上的篆字称他为"汉前将军、关侯"，有人还称他为"关壮缪"。

明万历四十二年（1614）十月十一日，司礼监太监李恩，捧着圣旨和九旒冕、玉带、龙袍、金牌，来到正阳门庙，宣布皇帝加封关羽为"三界伏魔大帝神威远镇天尊关圣帝君"，并建醮三日，颁知天下。（据《帝京景物略·关帝庙》）关将军由此成为帝王了。自天启四年（1624）以后，礼部得到皇帝的批复：不再称"前汉将军侯"，称"帝"。之后的关庙始称关帝庙。

《帝京景物略》中记叙了这样一则传说：朱棣当年北征元朝残余势力，率大军至黑龙江上游（今位于蒙古国境内的斡难河），大败北元首领本雅失里和阿鲁台。他的部下向他报告说：在追击途中，见到沙蒙雾霭之中，有一位神将为我军前驱。从穿着和使用的兵器以及模样长相看，分明就是关公！就是坐骑跟传说的不一样，是白马。朱棣听了以后说，回去之后，好好祭祀一下关公吧。

关公显圣，前导驱敌，帮助明军获胜，这事已经够神了，但还有更神的：说北京城中一居民养的白马，打朱棣大军出征后，每天早晨立于庭院中，不吃也不动，到中午还呼哧带喘，全身出汗，平静之后才吃草料，大军回京后，白马就恢复正常了。这件事在京城内广为传说，越传越神。

正阳门庙签最灵

《日下旧闻考》中，大臣们说："九门俱有关帝庙，而士民香火之盛，以正阳门为首。"盛到什么程度？初一、十五前来上香求签的士民男女拥挤不动；冬天太阳升起得晚，早晨天未亮时，庙中的香火能映红了天！

为什么这里香火如此之盛？因为来求签的人特别多。清人有竹枝词《都门杂咏·关帝庙》单道其事："来往人皆动拜瞻，香逢朔望倍多添。京中几多关夫子，难道前门许问签？"后两句纳闷道：北京城中供奉关老爷的庙不知有多少座，难道非得到前门关庙中来求签不可？如果让昔日的北京人来回答，答案是肯定的：因为正阳门庙的签最灵验。

有这样两则见诸文字的故事：一则是清初王士禛在《池北偶谈》中自叙的。王士禛是顺治十五年（1658，戊戌）的进士，顺治十六年（1659，己亥），他进京到礼部报到，听候选用。听说前门关庙的签素称奇验，便前往关庙祈祷求签。签上说："今君庚甲未亨通，且向江头作钓翁。玉兔重生应发迹，万人头上逞英雄。"又说："玉兔重生当得意，恰如枯木再逢春。"他当时不知签上说的这是什么意思。这年十月，他被派往扬州做推官，庚子年春天到任。推官，是地方上主管刑狱的小官。在扬州任上五年之后，甲辰年十月升迁为礼部侍郎。

这时候他才明白：扬州五年，恰好是从庚子年到甲辰年；扬州在长江边上，符合"江头作钓翁"之意。后两句意味什么，一时还未解。康熙十九年（1680）是庚申年，这年八月，他被任命为国子监祭酒，相当于国立中央大学校长，应了"万人头上逞英雄"之语。他悟道：我是崇祯甲戌年闰八月生；庚申年又是闰八月，原来这就是"玉兔重生"！

还有一则故事是《道咸以来朝野杂记》中关于李文田的。咸丰九年（1859）李文田进京参加己未科会试，到京后在前门关庙求得一签，签上说他"名在孙山外"。他很失望，以为不能得中了。谁知一发榜，他金榜题名，中了进士。于是他逢人便说：关庙的签并不灵验。等到殿试之后，头名状元是孙家鼐，二名榜眼是孙念祖；他得了第三名探花——果然在"二孙"之后！李文田叹服不已。

这样的故事传开之后，前往求签的人就更多了。

其实所谓灵验，多为巧合。签上的话都是人写的，而那些话又大都意思模糊，怎么理解都可以的，但宗旨是劝人行善。比如《藤阴杂记》中说，修撰秦涧泉甲戌年散馆，求得一签，上写："静来好把此心扪。"什么意思呢？不知道。让求签者"静夜扪心自问"，好好反省反省，有哪些事做得不对。这签对谁都适用，可又等于什么都没说。

每当开庙时节，庙里的老道还施舍道教善书，什么《关圣帝君六十四卦爻》《关圣帝君桃园明圣经》之类。焦竑在碑文中说："都城自奠鼎以来，人物辐凑，绾四方之毂，凡有谋者必祷焉，曰吉，而后从事。中间销沮奸谋，振发忠义以助成圣化者非细。"——凡是打算

拆除前的正阳门关庙外景

做些事的，都要在关侯面前求签问凶吉：吉，才付诸实施；凶，则打消念头。其中不知有多少不良的打算被悄然放弃，而为忠、为孝、为仁、为义的善行则得到了弘扬，关公在冥冥之中充当着老百姓的道德导师，起着消除矛盾、维护和谐的作用。关庙的功劳实在不小啊！

圣人设教，以化百姓。这也正是建这座庙的意图之一。

正阳门关庙于 1967 年拆除了，我们只能从一些老照片和文字记载中去找寻它昔日的模样了。

观音庙：原为祭祀洪承畴

北京有句老话："九门十个庙，一庙无神道。"什么意思呢？九门，指北京内城的正阳、崇文、宣武、朝阳、东直、安定、德胜、西直、阜成九个城门；十个庙，是说这九座城门的每门瓮城之内都有一座关帝庙，唯有正阳门里有两座：城门西侧是一座关庙，东侧是一座观音庙。同样因为占据着重要位置，所以这座观音庙也香火旺盛，尤其以女信徒为多。庚子事变之后，逃反避难到西安的慈禧返回京城，进正阳门后到观音庙进香。她走到庙门口时，正好城墙上有一外国人拍照，她还回过头来招了招手，留下一张难得的照片。

所谓"一庙无神道"，是说除了东直门的关帝庙没有塑像、供的是关帝的牌位之外，各庙都有关帝的塑像。

那为什么正阳门里多出了一座观音庙呢？是为了中轴线的对称吗？要说对称那是不假。观音庙和正阳门关庙不仅建筑式样、格局、

慈禧在观音庙门口

数量完全一样，香炉、供桌、旗杆也大体一致，唯一有较大差距的，
是观音庙中的石碑只有四座，石刻两件，远少于关庙。这是因为观音
庙建于明崇祯年间，比正阳门关庙晚二百二十多年。

不过，对称还真不是建这座观音庙的目的。正阳门观音庙最初建造的目的，是给一个"为国捐躯的抗清将领"作祠堂用的。这个人是洪承畴。

为洪承畴建祠堂

洪承畴（1593—1665），号亨九，福建泉州南安英都霞美乡（今英都镇良山村）人，明万历四十四年（1616）进士，以功加太子太保、兵部尚书衔，总督河南、山西、陕西、湖广、四川五省军务。

洪承畴虽然是读书人，但懂兵法，会打仗。明崇祯三年（1630）六月，他被任为延绥巡抚；崇祯七年（1634），任陕西三边总督；崇祯十二年（1639），在潼关大败李自成，打得李自成率十八骑逃走。洪承畴正要乘胜追击，接到朝廷调令，崇祯皇帝任命他总督蓟辽总军务，调他率兵去对付清兵。当时朝中有人对崇祯皇帝说，把洪承畴调离西北，李自成就会东山再起；洪承畴部下多是西北人，长期驻扎东北，容易出逃亡和哗变的事情。崇祯帝不听。

明崇祯十三年（1640），也就是清崇德五年（1640）四月，清军围困锦州。守将祖大寿告急。崇祯皇帝得报，命洪承畴率领大同、宣府、蓟镇、山海关、宁远等八个总兵及副将以下将领二百余名、步骑十三万人前往锦州增援。

听说洪承畴率军前来增援，清皇太极不敢掉以轻心，亲自统兵前来阻击。

洪承畴的大军出关后，驻扎在山海关外的宁远城内。祖大寿捎信给洪承畴说：清兵太强大，难以争锋，不可轻战，最好用车营战法，步步进兵，步步列营，直到把他们逼走。洪承畴采纳了这个建议，和清军打起了持久战，虽有几次小胜，但锦州之围一直未解。

崇祯皇帝得不到明军取胜的消息，有些着急，就派了一个叫张若麒的职方郎中来察探。当时朝里主持军务的是兵部尚书陈新甲，此人是速胜论者，认为很容易就能把清军打败。同他是一派的张若麒传回密报说：清兵一鼓可平。崇祯皇帝听信了这个说法，密令洪承畴出击，要其速战速决。洪承畴不敢违抗君命，于是在宁远誓师之后，出击与清军展开决战。两军在松山堡与杏山城之间摆开战场。

在力量对比上，明军是占优势的。皇太极也听说洪承畴会打仗，但他登高一望，发现了明军的薄弱环节：前阵严整，后阵混乱。于是他有信心了，说："明军可破矣。"他指挥清兵从后面包抄明军，明军阵脚一下就乱了，有的将领贪生怕死临阵脱逃，清军乘机掩杀，明军大败。这场决战的结果是，明军十三万官兵死伤过半，松山堡与杏山城失守，洪承畴被俘。被围困多时的锦州城内此时粮尽，以致"人相食"。守、战无计，祖大寿只好投降，锦州落入清军之手。这个时间是崇祯十四年（1641）八月。

听说松山之役大败、锦州失守、洪承畴不屈而死，举朝震动。崇祯皇帝更是异常伤心，停止上朝，亲自为洪承畴写了祭文，还追赠洪承畴为太子太保，荫锦衣千户世袭，赐祭十六坛，可谓十分隆重。

洪承畴在京的子弟大办丧事，设灵堂、穿孝服，接受百官吊唁，还撰写了洪承畴生平事迹的"行状"广为散发。经崇祯皇帝批准，在正阳门瓮城内，给洪承畴建了一座祠堂，祠堂里塑有洪承畴像，让人们永久怀念这位为国捐躯的将领。

祠堂改作观音庙

崇祯十五年（1642）六月，当十六坛祭到第九坛的时候，传来消息说洪承畴没有殉难，而是投降大清了！不但崇祯皇帝，满朝文武谁也没有想到：洪承畴竟然会降清。

身着清朝官服的洪承畴画像

本来，洪承畴被俘后是坚决不降的，谁来劝降，都被他大骂不止，还绝食来着。那最后怎么还是降了？有几种不同的说法。

一种说法是庄妃的功劳。庄妃是皇太极的妃子，顺治皇帝的生母。说她来狱中看望绝食中的洪承畴，好言劝道："洪将军上有年过花甲的老母，你若走了，谁为她养老送终？将军还有爱妻、美妾，你就忍心让她们守空房吗？"洪承畴听到这话眼泪就下来了。庄妃这时取出玉壶斟满酒杯，送到洪承畴嘴边，说："请将军喝下这杯酒吧。"又饥又渴的洪承畴喝下之后，方知是人参汤。感激不尽的洪承畴于是就投降了。

这个说法太不可信。无论如何，皇太极也不会让自己的爱妃出马去施美人计。再者说，庄妃是蒙古族，洪承畴是福建汉人，语言不通，无法交谈。

一种说法是优伶的功劳。说洪承畴是福建人，素好男风。皇太极打发了一个戏子去引诱，洪承畴就降了。这个说法更是荒诞不经。

还有一种说法是范文程的功劳。范文程是汉人，其先世自江西谪居沈阳，好读书，善谋略，是努尔哈赤和皇太极身边的重要谋士。他去看望洪承畴，绝口不说劝降的话，而是与他谈古论今。谈话之间，见梁上一块尘土落在洪承畴的衣服上，洪承畴"屡拂拭之"。范文程回奏皇太极说："承畴不会死的。他对自己的旧衣服尚且爱惜，更何况自己的性命呢？"这个说法或许是真的。

据昭梿（1776—1833）在《啸亭杂录》中说，洪承畴感激崇祯皇帝的知遇之恩，"誓死不屈，日夜蓬头跣足，骂詈不休。文皇（即皇太极）命诸文臣劝勉，洪不答一语"。有可能是听了范文程的汇报后，皇太极才亲自出马的。见到洪承畴，皇太极轻轻地说了一句："先生不冷吗？"然后脱下了自己身上的貂皮大衣给他穿上。洪承畴茫然注视皇太极好半天，长叹道："真命世之主也！"叩头请降。皇太极非常高兴，当即赏赉无算，又是设宴招待，又是给他演戏。皇太极手下的将领不高兴了："他不就是一个俘虏、囚犯嘛，用得着对他那么好吗？"皇太极说："咱们栉风沐雨究竟为什么呢？"众人说，当然是为了谋取中原啊。皇太极说："对呀，好比是走路，你们都不认识路。如今获得一个带路的，我焉能不高兴？"

洪承畴降清后，为清军入关之后顺利挺进江南发挥了重要作用。

得知洪承畴投降了大清，京中官民非常愤怒，祭坛自然中止，还捣毁了祠中洪承畴的塑像，已经建好的房屋改作了观音庙。

城中众多观音庙

北京城内的庙宇寺观，最多的是关庙，排在第二位的，就是观音庙。

前门外大栅栏地区有条观音寺街，东起煤市街，西至樱桃斜街和铁树斜街东口交会处，因其西端有座兴建于明代的观音寺而得名。

过去，观音寺遍及北京四九城，后来寺庙没有了，好些个地方留下了以观音寺命名的街道、胡同。

观音庙供奉的是观世音菩萨，因为避唐朝皇帝李世民的讳，所以简称观音菩萨，又称观音大士。观音菩萨在世人的心目中，法相端庄、严肃而又慈祥。佛门之下有众多的女信徒，与这位慈祥的观音菩萨不无关系。在小说《西游记》里，许多大事都是由这位菩萨下界来亲自办理的。

按照佛教的说法，观世音菩萨是西方极乐世界的上首菩萨，"表现一切佛的大悲心，所以是救世之最切者"，要不怎么被称为"救苦救难、大慈大悲"的观音菩萨呢！

观音菩萨的形象有多种。一种是圣观音像，是一首二臂、结跏趺坐，

观音寺街

手中或持莲花，或结定印的尊严像。一种是"自在观音像"，一足盘膝，一足下垂，形态自然。观音身边常有一净瓶，内插柳枝，象征观音菩萨用大悲甘露遍洒人间。观音像旁有一童男和一童女。童男是善财童子，童女是龙女。还有多面观音，四面的、九面的，还有十一面的。每一面都有一种表情：瞋面、慈面、寂静面、暴笑面等等。还有千手千眼观音，千手表示护持众生，千眼表示观照世间万物。千手观音一般为立像，现在颐和园佛香阁里就有一尊；还有一种是四十八臂的坐像。

药王庙：中医中药几千年

　　明清时期，北京城内和近郊的药王庙加起来有十几座，名列民国时期《北平庙宇通检》的，就有九座。这还不包括那些建有药王殿和供有药王爷的庙宇道观。比如白云观、东岳庙里就建有药王殿，有的三皇庙、财神庙里同时供有药王爷。《宸垣识略》有载：大觉寺在街北，……其四偏中后殿，亦奉关帝、药王。

药王庙神祇是哪位？

　　元代，三皇被奉为医师之祖。药王庙供奉的神祇，是伏羲氏、神农氏和黄帝。传说：伏羲氏则天垂象作八卦，使民知凶吉，而疾病即事关凶吉；神农氏尝百草以辨药性，医术由此而兴；黄帝作阴阳，此为中医理论之发端，后世中医诊病先辨阴阳。所以，三皇被视为

伏羲氏、女娲　　　　　神农氏　　　　　黄帝

中医的创始人，有"药皇"之称。朝廷每年春秋遣官致祭，主祭者，是太医官，规格仪式仿照祭孔。《元史·祭祀志五》记载：元贞元年（1295），"命郡县通祀三皇"，伏羲氏配勾芒氏（春神），神农氏配祝融氏（火神），黄帝配风后氏和力牧氏，"黄帝臣俞跗以下十人，姓名载于医书者，从祀两庑"。

明朝初年仍沿袭元代制度，通祀三皇，以俞跗、岐伯等十大名医从祀。洪武四年（1371），朱元璋忽然想到：天下各郡邑通祀三皇，这不是对三皇的亵渎嘛！怎么能把继天立极、开万世教化之源的三皇，等同于药师呢？礼部大臣附和说：是，元代通祀三皇而以医药主之"甚非礼也"。朱元璋命天下郡县"毋得亵祀"。于是，明代的药王祭祀便从三皇通祀中分离了出来。

药王庙里供奉的药王是谁呢？被中国老百姓奉为药王的其实不止一人，有俞跗、韦慈藏、扁鹊、邳彤等等。他们大都是见于史料记载的名医。俞跗是黄帝时的大臣，相传黄帝时期有三位名医，另外两位是雷公、岐伯。而俞跗医道最高明。韦慈藏是唐代医学家，名讯，以字行，京兆（今陕西西安）人，初为道士，精于医术，武则天时（684—704）任侍御医。扁鹊是春秋战国时人，与华佗、张仲景、李时珍并称为中国古代四大名医。因为扁鹊是渤海郡鄚（今在河北任丘境内）人，所以当地将他奉为药王。邳彤是东汉中兴名将，云台二十八将之一，河北安国一带将他奉为药王。

北京地区的药王庙里供奉的多是医学家孙思邈。

神话传说的孙思邈

孙思邈（约581—682），京兆华原（今陕西铜川耀州）人，少年时因病而学医，广涉经史百家及佛学经典。隋文帝征他去做国子博士，相当于今天的大学教授，他推病而不就。唐太宗将他召至长安，想让他做官，他也不做，一生只致力于医药研究，著有《千金方》三十卷、《千金翼方》三十卷、《千金髓方》二十卷。他认为，人的生命贵于千金，治人一病等于施舍千金，所以把他的书命名为《千金方》。《千金髓方》今已失传，《千金方》《千金翼方》至今

清宫殿藏本孙思邈画像

仍被视为重要医学文献。宋徽宗曾封其为"妙应真人"，民间则把他奉为神仙，并流传着许多关于孙思邈的神话。

《太平广记》中录有关于他的一个故事——

开元中，长安大旱，皇帝请来一个西域胡僧在昆明池畔作法。七天之后，昆明池水下降数尺，眼看就要见底。昆明池龙王害怕了，到终南山找宣公求救，说："天旱不雨并不是我的过失。那个胡僧欺骗皇帝要害死我、用我的脑配药。"宣公让龙王去求助孙思邈。孙思邈说："我知道昆明龙宫有仙方三十首。你能让我看看，我就能救你。"龙王说："这仙方天帝是不许外传的，如今事急，我只好拿出来了。"龙王很快把仙方拿给了孙思邈。孙思邈说："你回去吧，不用怕那个胡僧了。"龙王回去之后，昆明池水忽然暴涨，几天便浸上岸来。那个胡僧呢，羞愤而死。

药王庙中的孙思邈塑像多为赤面慈颜、五绺长髯、方巾红袍。身边常有二童子，一捧药钵，一托药包。他的显著特征是"坐虎针龙"：塑像的背景常画有一条龙，据传说是被他用针灸治好病的"龙患者"；身边卧有一只老虎，传说这只虎吃了为他驮药的驴，被他召了来驮药。还有一个传说，一只病虎被孙思邈医治好了，从此便成为孙思邈的坐骑。

过去走江湖的游医手里拿着一个响器：虎撑，又名虎衔，俗称药铃或串铃。它是用响铜打造的，形似面包圈，中空，置有弹丸，向外一圈开缝，握在手里一摇，发出清脆悦耳的声音，告诉有病之人：我

北京宣南文化博物馆收藏的清代虎撑

是医生，我来了。据说这个虎撑也是孙思邈发明的，说他上山采药，遇到一只老虎，张开大嘴求他看病。他见老虎的喉咙被一根骨头卡住了，想替它取出来，又怕被咬住，于是取下扁担上的一个铜环将虎口撑住，帮虎取出了骨头。后世医生便将铜环加以改造，成了后来的虎撑。

民间把农历四月二十八日定为孙思邈生日，各地药王庙要举行庙会。中药铺、中药商人要在这一天祭祀孙思邈。年终岁尾，人们要去药王庙烧香许愿，祈盼一年无病。

京城数座药王庙

北京城内曾经有东西南北四座药王庙最为著名。

东药王庙旧址在东直门内。西药王庙旧址位于什刹海前海西南角。《宸垣识略》有载："药王庙在北安门海子之西，东濒海子，万柳沿堤，夏月客多载酒游泳其间。东有西步粮桥，玉河水由此入御苑。"当年，什刹海前海的水域比今天要广阔，因此西药王庙基本上是临水的，风景尤为独特。书中又记，西药王庙是明天启年间大太监魏忠贤出资修建的，庙里曾立有为魏忠贤歌功颂德的石碑，魏忠贤倒台后，人们把石碑捣毁了。北药王庙在旧鼓楼大街北，明嘉靖中建。南药王庙位于东城区

南药王庙大殿（现北京市第十一中学东校区）

东晓市街。东药王庙的山门近年被修复一新。西药王庙已经无迹可寻。

南药王庙始建于明末天启年间，如今是北京市第十一中学。这座药王庙是武清侯李诚铭修建的。他是武清侯李伟的孙子、万历皇帝的表兄弟。当年这座庙是为讨好魏忠贤而为他修建的"生祠"，所以规模比其他药王庙都大。

建自明嘉靖年间的北药王庙，传说与世宗皇帝朱厚熜有关联。说当时京城发生瘟疫，朱厚熜亲自给老百姓配药云云。皇帝亲自配药的说法真实性堪疑，但嘉靖年间北京地区发生瘟疫确是史有记载的。据《世宗实录》卷二百六十一载，嘉靖二十一年（1542）五月丁酉（十七日），礼部左侍郎孙承恩上疏说：近来盛夏天气炎热以致瘟疫流行，"都城内外之民，僵仆相继"，"乞命太医院及顺天府惠民药局，依按方术预备药饵，于都民辐辏之处，诏谕散给。庶阽危贫困之人得以有济，虽有疠气，不为灾矣"。世宗皇帝回复说："顷闻疫气流行，朕甚悯焉。其令太医院差官顺天府措药物，设法给惠。"北药王庙或许与这次疫情有关。

北京城地位最高的药王庙在太医院。明清两代太医院的位置在正阳门东北，今东交民巷西口路北附近。

太医院原有药王庙，内有铜人像，是明朝正统年间，按照忽必烈命阿尼哥修复的那个始建于宋代的铜人复制的。

明嘉靖二十一年（1542）十二月丙申，世宗朱厚熜以原药王庙"规制湫隘"为由，命加以扩建："诏修太医院三皇庙，仍厘正祀典正位……牲用太牢，器用笾豆簠簋，以仲春冬上甲日，遣大臣行礼。著为令。"

至此，永乐年间京师皇家所祭九庙增为十庙。

中药救活朱厚熜

明世宗朱厚熜为什么要扩建三皇庙，并将药王的祭祀纳入皇家遣官致祭的范围？因为中医中药救了他一命。

熟悉明朝历史的人都知道，嘉靖二十一年十月二十一日夜里，发生了一场宫闱事变。当晚，朱厚熜睡在曹端妃的宫中。夜里四更时分，杨金英等十六个宫女乘世宗熟睡造了反。她们用绳子套住朱厚熜的脖子，有的摁头，有的攥手，有的掐脖子，有的压胸口，还有的压住他两条腿，两个宫女用力扯绳。眼看朱厚熜性命难保，不

明世宗朱厚熜画像

料慌乱之中，宫女们把绳子打成了死结。一个叫张金莲的宫女害怕了，跑去报告了方皇后。方皇后赶来救驾，被一个宫女迎面给了一拳。另一个宫女立刻把灯吹灭。方皇后手下宫女几次想把灯点着，都被造反的宫女打翻。最后，更多的人赶来，把造反宫女都捉住了。她们的下场极为悲惨自不必说。

朱厚熜气绝昏死。太医院的太医谁也不敢开方下药。主管太医院的工部尚书许绅自忖：身受皇恩，此时应当以死相报。他决定亲自下药，如不见效就自杀。

朱厚熜辰时服下许绅的药，六七个小时之后，"忽作声起，去紫血数升，申时能言"。朱厚熜活过来了；又用了三四剂药，朱厚熜的身体平复了。

许绅用的是什么药，如此神奇？其实无他，不过大黄、桃仁、红花等中药。由于运用得当，救了朱厚熜一命。《明史·方伎列传》中说："帝德绅，加太子太保、礼部尚书，赐赍甚厚。"

许绅救活了朱厚熜，自己却病倒了。他说："吾不起矣！"为给皇帝下药，他万分紧张，因惊悸而致病，不久就去世了。朱厚熜"怜之，恤典甚厚"，还让他的一个儿子做了官。《明史》说，整个明朝，"医官最显者，止绅一人"。

朱厚熜感激许绅，更感激中医中药。所以，两个月之后他下诏扩建太医院的药王庙，并且提高了祭祀药王庙的规格。

太医院清朝时还在。庚子以后，太医院所在地划入使馆区，建筑夷为平地，变成了俄国军队的操场。

明清两代的太医院虽然消失了，但为中国老百姓服务了好几千年的中医中药还在，继续发挥着不可替代的重要作用。

堂子：满族祭祖拜天处

　　堂子，是清代皇帝立杆祭天祭神的场所。《大清一统志》记载："堂子在长安左门外御河桥东，每岁元旦亲祭。凡国家有征讨大事，必亲祭告。"所谓亲祭，即皇帝亲自履行祭祀仪式。清魏源《圣武记》卷十二："皇帝拜天则於堂子，出征拜天亦如之……则堂子自是满洲旧俗祭天、祭神、祭佛之公所。"

进入北京先建堂子

　　满族人信奉萨满教。萨满，即巫师。萨满教是起源于渔猎时代的原始宗教，在我国北方古代各民族中间有很深的影响。满族入关前，有"神堂"或"祀神祇之室"，皆称"堂子"。

　　蔡东藩《清史演义》第二回："那时这雄心勃勃的努尔哈赤，乘

满洲萨满

着这如日方升的气象，想统一满洲，奠定国基，当命工匠兴起土木，建筑一所堂子，作为祭神的场所；工匠等忙碌未了，忽掘起一块大碑，上有六个大字，忙报知努尔哈赤。"这个情节未必是真，但是倒准确地反映了满族人对于堂子的重视程度——要成就建国的大事业，必先建堂子；在做一件大事之前，必先到堂子拜天祭神，以求得神的保佑。

清顺治元年（1644），满洲贵族进关入主北京之后的第一年，做的头件大事就是在紫禁城附近建筑一所堂子。关于这所堂子的位置，有说在东安门外的，有说在台基厂大街北口路西的。震钧《天咫偶闻》有载："堂子，在东长安门外，翰林院之东。"昭梿在《啸亭杂录·堂子》里说："国家起自辽沈，有设杆祭天之礼。又总祀社稷诸神祇於静室，名曰堂子，实与古明堂会祀群神之制相符，犹沿古礼也。既定鼎中原，建堂子于长安左门外。"

震钧是清末人，瓜尔佳氏。昭梿（1776—1833）是清乾嘉时人，爱新觉罗氏，满洲贵胄，努尔哈赤后人，世袭礼亲王。这两个人所记载的堂子的位置——长安左门外，应该是最为准确可信的。长安左门，位于今天天安门东侧，劳动人民文化宫正门前稍东。

堂子的正中是祭神殿，祭神殿南向，前，为拜天圆殿。圆殿南正

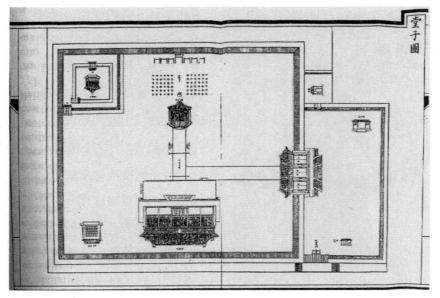

堂子平面示意图

中，设大内致祭立杆石座。次稍后两翼，分设各六行，行各六重，第一重为诸皇子致祭立杆石座，诸王、贝勒、公等依次序列，皆北向。

祭天礼佛致祷如仪

祭神殿"即汇祀诸神祇者"。满族人信仰多神，堂子内神殿供的是释迦牟尼、观音菩萨、关帝，还有"穆哩罕"——马神。

东南建有上神殿，南向，据昭梿说，"相传为祀明将邓子龙位——盖子龙与太祖（即努尔哈赤）有旧谊，故祔祀之"。据《天咫偶闻》说，相传开国初，太祖努尔哈赤常乔装打扮潜入辽东察看形势，被明军俘获。邓子龙知道他不是一般人，悄悄把他送出境。"太祖（努尔哈赤）笃于旧谊，祔祀于此"，看来努尔哈赤很重视报恩的。

在堂子举行的祭祀分为两种情况：一是国家大事，诸如元旦拜天、出征、凯旋等；另一种是属于日常照例的祭祀如月祭、浴佛祭、马祭等。

"堂子祭天"被列为清王朝的吉礼之一。祭天礼于岁正朔（即新年元旦）举行，"皇上率宗室、王、公、满一品文武官诣堂子，行拜天礼"。

据《清朝野史大观·元旦朝仪》，新年第一天，皇帝五鼓"驾亲祭堂子，各官俱朝服于午门外送。黎明，驾回宫，先至奉天殿，继至宁寿宫行礼。毕，然后乘辇出，御太和殿，受外廷朝贺。辰刻复回乾清宫"。

堂子之内的祭祀，保持着满族人的传统习俗。皇帝先朝东坐在享殿檐下的两间坐褥上，各王公贝勒按职位依次坐于丹陛上下。内监弹奏三弦、琵琶，满洲神巫"萨满"司祝系缎裙、束腰铃、击手鼓，"盘旋像前诵神歌祝祷"，然后献酒。赞礼者一边拍板，一边唱满洲神歌。皇帝和王公贝勒一起拍板拊掌唱。然后进享殿、圆殿分别行礼。清人福格《听雨丛谈》中说："祭祀俗曰跳神，盖祧祭之讹也。跳神是祭远祖。"祧音挑，远祖。满族人的祭神杆，其实也是祭远祖。

祭神杆之礼"岁以季春（农历三月）、季秋（农历九月）朔日（初一）举行"。所祭神杆是楠木的，本色，不加油饰，竖立在神殿或神堂的左侧。高两丈余，顶尖形，顶之下为方锡斗——木质，包锡。满族人对神杆不敢有任何亵渎，立起之后，太阳投射在地上的影子都不许践踏。民间祭祀时，在杆子前供上米酒、打糕、整猪。锡斗内要放上供过的米饭和熟肉，用牲血涂杆子尖，并贯以猪喉骨。皇家祭神杆，则"悬黄幡系彩绳，缀五色缯百缕，楮帛二十有七，备陈香灯。司俎官于大内恭请神位，由坤宁宫以彩亭舁出，行中路至堂子，安奉于祭神殿内。东向，陈糕饵九盘，酒盏三。圆殿陈糕饵三，酒盏一，楮帛如数。司俎官以赞祀致词、行礼"。

为什么要祭神杆？有学者考证，神杆，是满族人祖先采人参时用的索拨棍。野生的人参生长于山林之中，须拨开草木才能发现，所以索拨棍是采参人必用的工具。而人参，是满族人最初用来和中原人换取农具、武器和各种生活必需品的"硬通货"。满族人的崛起，人参功不可没。祭神杆，有不忘祖先艰苦创业之意。

马祭在祭神杆一天后举行，祭祀"穆哩罕"——马神。马祭是有马的。昭梿的《啸亭杂录·内务府定制》中说，上驷院里饲养的御用马匹中专门有一种"裼（音祷）马"，为"岁春秋二祭祷马于神"所用。平时"系帛于御马鬣尾以为识"——在马鬃马尾上系以帛为标识，"凡三十匹"；"附养四色马四十匹，令祭堂子，率以十匹诣神前受釐，系丝帛亦如之"。

马祭，满族人在东北时就有此风俗。民间所用的"裼马"被称为"他合马"。此马是全村中最有威望的家族中饲养的，不许骑，尤其不许女人骑，也不用来拉车干农活，不打鬃，不剪尾。祭祀时，把马身刷洗干净，备齐鞍鞴牵入庭中，头向供桌，身搭红布。主祭人手捧香碗，围着马左转三圈、右转三圈，然后请一男一女两位萨满在马前对唱，其他人跪下叩拜。

堂子每月一次的祭祀称月祭。《啸亭杂录》中说："凡月祭，孟春上旬三日（即正月初三日），余月朔日（即每月初一日）。大内遣司俎率堂子官于圆殿奠献糕、酒，行礼如仪。"

四月初八日释迦牟尼佛诞日的祭祀为浴佛祭。"司俎官率执事人等，自大内请佛至堂子祭神殿，陈香灯，献糕酒。王公各遣人献糕。执事设盥盘，赞祀二人浴佛。"浴佛，即给佛做洗礼，届时真要用香水往佛身上浇洒的。浴毕，"六酌献、三致祷如仪"。

这一天，"大内及军民人等不祈祷"——不做别的祈祷，"不祭神"——不拜别的神灵，"禁屠宰，不理刑名"——不杀牲、不审理案件。

遇有重大战事，皇帝亲自出征前，必要到堂子拜天祭神。康熙年间，蒙古准噶尔部首领噶尔丹叛乱。康熙三十五年（1696）正月和三十六年（1697）二月，玄烨两次率军亲征。每次出发前都是选择吉日，前往堂子祭神拜天。内府官员预设拜垫于圆殿外及内门外御营黄龙大旗前，兵部陈螺角，銮仪卫陈卤簿均如仪。康熙皇帝先到圆殿前，再到大旗前，郑重行三跪九叩礼。这两次出征，康熙皇帝亲临沙漠，指挥清兵作战，终于大获全胜，扫除了漠北和西北地区一大不安定因素。康熙三十六年五月，清军凯旋。康熙皇帝回到京城后，先到堂子行告成礼，感谢上天众神和列祖列宗的保佑。

派大将出征，皇帝也要带领大将军以及随行将领，到堂子行礼。仪式与皇帝亲征是一样的。凯旋日，也要到堂子行告成礼。

日久天长流于形式

清宫里祭祀活动的另一地点是坤宁宫。据夏仁虎《清宫词》："坤宁宫朝祭，为佛与关圣；夕祭，为穆哩罕诸神。""祭品二豕外，春用鸡，夏用鹅，秋用鱼，冬用雉。"溥佳在《记清宫的庆典、祭祀和敬神》一文中说：祭品中有活猪，往耳朵里灌完酒之后杀掉，将肉煮熟，祭神之后吃掉。据说坤宁宫有口专门用来煮肉的"神锅"，自顺治以来一直就没有停过火。

夏仁虎和溥佳都是清末以后的人。他们记述的情况，或许是后来堂子祭祀的变化。

满族人入关以后，时间一长，堂子的祭祀活动变成了一种徒具形式的空壳，一些祭祀的目的和意义连满族人自己也不知其所以然了。夏仁虎说："坤宁宫复有背灯祭，迎、送神曲皆满语，每句末，叶（音谐）以纳尔辉，精满文者，不得其解。"还有，祭神杆是怎么来的？后来的满族人大多不知道了。再比如清人祭祀的神祇中，有一"万历妈妈"，也称"瓦利妈妈"，或写作"完立妈妈"。多数满族人不知道这位"妈妈"究竟是何方神圣，有解释为万历时李太后的，有解释为明朝某将领爱姬的，其实皆非。当代有学者考证，"完立"是偶像的意思，"完立妈妈"亦即"妈妈神"。

光绪庚子年（1900）八国联军侵入北京城，占领军要把北至长安街，西至前门，东至崇文门一带尽行占据。这一片大小衙门、公所很多，礼部、户部、吏部、工部、兵部，还有宗人府、太医院、鸿胪寺，更重要的是还有堂子，其尊严庄重超过太庙，怎么能让外军占领？李鸿章和联军再三交涉，结果，堂子还是被意大利军占领并拆毁了。

紫禁城内坤宁宫前的神杆

堂子

　　八国联军撤出北京后，清廷改建堂子于南河沿南口路东，即今北京饭店贵宾楼所在地。

玉钵庵：玉钵原是元朝物

　　西华门外之南，南长街之西，原有个玉钵胡同；玉钵胡同里，原来有座玉钵庵。玉钵庵的前身，是明代御用监的真武庙。所谓玉钵，就是那个知名度颇高又被称为玉瓮的渎山大玉海，元朝灭亡之后便流落到这里。清乾隆年间，它从这里移置到北海团城。其中倒也有些曲折可说。

御座之前摆酒瓮

　　事情还需从元朝说起。元世祖忽必烈以琼华岛为中心起造宫城。在琼华岛上，在今天的北海、中海东岸、西岸盖起了一座座豪华的宫殿。据《元史·舆服志》记载，元朝的宫殿内有三种必备的陈设：一是计时的漏刻，摆放在皇帝的御座之南，设两个"挈壶郎"掌管；二是酒海——大酒瓮，列于漏刻之南，设六十个酒人掌管，面向北立于酒海之南侧；三是盛马奶子的容器，设二十人掌管，这二十人叫"主膳"。明朝初年工部侍郎萧洵目睹过元朝的旧宫殿，著有《故宫遗录》。据此书记载，广寒殿、大明殿以及延春堂，都设有酒海。用现在的话说，酒海是元朝宫殿的"标配"。

蒙古人大都性格豪爽，喜欢喝酒。所以大都城内的造酒业异常发达。在蒙古人供奉的神祇里，有位重要的神祇就是酒神杜康。杜康庙在元大都内有两座，一座在北城光禄寺内，一座在崇仁门内。此外，南城还有一座，是辽金时期燕城的酿酒匠人们供奉的。（据《析津志辑佚·祠庙》）

据《元史·食货志》载，"大德八年（1304），大都酒课提举司设槽坊一百所"。在元代，是不准许百姓私自造酒、贩卖的，"私造者依条治罪"，所以，槽坊都在官府掌控之中。"大德九年（1305），并为三十所，每所一日所酿，不许超过二十五石之上。十年，复增三所。至大三年（1310），又增为五十四所。"如此算来，光大都城内的造酒业，每天的酒产量就在一千三百五十石左右。这些酒首先要满足宫廷里的需要。

如果以为酒海只是出现在元朝皇家宴会上，那就错了。《辍耕录》卷五"劈正斧"条："劈正斧以苍水玉碾成，高二尺有奇，广半之"，"如天子登极、正旦、天寿节御大明殿会朝时，则人执之，立于酒海之前"。大明殿是元朝皇帝上朝会见群臣的宫殿，也有酒海。

据《辍耕录》中记载，大明殿中"设七宝云龙御榻"，御榻前设灯漏——也就是刻漏"贮水运机，小偶人当时刻捧牌而出"，这在当时可谓最先进的报时器了。灯漏旁边就是酒海——"木质银裹漆瓮"，"金云龙蛇绕之，高一丈七尺，贮酒可五十余石"，容量比三十石的渎山大玉海大多了。

宫廷之内为什么要安放酒海？因为不管举行什么重大庆典、仪式，诸如皇帝即位、群臣上皇帝尊号、册立皇后、册立太子、给皇帝庆寿……繁缛的程序之后，喝酒这个环节是必不可少的。比如"元正受朝仪"，众大臣三拜九叩、山呼万岁之后，丞相要捧觞向皇帝进酒三次。蒙古至元七年（1270），专门制定了进酒仪。进酒之后，"大会诸王宗亲、驸马、大臣，宴飨殿上"，在大明殿上举行盛大宴会。四品以上官员"赐酒殿上"，五品以下官员"赐酒于日精、月华二门之下"。喝酒的时候有官员下令："沃脱（喝）！"众臣一起举杯喝酒；"塔必（放下）！"众臣一起放下酒杯，然后有酒人上前斟酒。《元史·舆服·仪卫》记载："酒人，凡六十人，主酒。国语答剌赤。"可以想见那气势多么壮观。

元皇宫的建造工程是从琼华岛开始的。《元史·世祖纪》：至元元年（1264）二月壬子，修琼华岛。第一座落成的，是在金代广寒殿旧址上修复的广寒殿，有徐世隆的《广寒殿上梁文》为证。至元二年（1265）十二月，"渎山大玉海成，敕置广寒殿"。广寒殿里的第一件陈设，是渎山大玉海。大玉海的雕造即使不是早于重建广寒殿，至少也是同时。而且一经雕成，便置于刚刚重建完工的广寒殿之中。至元三年（1266）夏四月，忽必烈的宝座——"五山珍御榻"制成，也被安放在广寒殿。这个时候，元朝在北京地区的皇宫还未修建，大都城也还没有影子，广寒殿是忽必烈在北京地区最初的执政场所。由此看出，渎山大玉海对于忽必烈是何等的重要。

玉瓮离开广寒殿

　　渎山大玉海由整块玉料雕成。高约 70 厘米，宽 135 厘米，长 182 厘米，周长 493 厘米，膛深 55 厘米，可贮酒三十石。墨绿色的器身上带有白色、黑色、紫色等多色玉纹，外壁有遍体的浮雕，从口沿到钵底都刻有翻腾的海水纹，海马、海鹿、蛟龙及寻海夜叉等出没于惊涛骇浪中，形象生动，气势磅礴，令人叹为观止。

　　渎山大玉海是什么时间离开广寒殿的呢？也许是元朝灭亡之时（1368），最晚是广寒殿倒塌的明万历七年（1579）之后，渎山大玉海便被移置于明宫御用监。御用监，即宫廷造办处。在这里供职的太监，大多是有一技之长的能工巧匠。把雕刻精美的渎山大玉海放在这里，应该说是再合适不过了。造办处里有座真武庙，渎山大玉海就被放置在真武庙里，人称之为玉钵。

　　清代，御用监废弃了，房舍尽为八旗军民所居，真武庙则成了僧人的栖身之所。渎山大玉海则"露处庭中"，虽然久经寒暑，日晒雨淋，仍然"斑斓光彩，夺人心目"。一些文人墨士不时慕名前来观赏，惊叹不已。清康熙五十年（1711），僧人性福历经 26 年的化缘行乞，备齐材料资金，重建三楹真武殿，又在真武殿前建殿三楹供奉观音大士，并将渎山大玉海移置于观音大士座下，叠石为小山，贮水于玉海内，以示普陀南海之意。于是，渎山大玉海结束了放在露天听凭日晒雨淋的遭遇。可见那位性福和尚，是知道爱护这件宝贝的。

　　这段事见于曹曰瑛《重修真武庙碑记》。曹曰瑛，字渭符，号恒斋，是康熙年间的翰林院待诏。

玉瓮移至承光殿

又过了三十余年，到了清乾隆十年（1745），真武庙衰败萧条，玉钵被道士用来作腌菜瓮了。一些学者来庵里鉴赏玉钵，认为它不是民间俗物。据昭梿《啸亭杂录·玉瓮》中说，"有工部侍郎三和者，善博古物"。一考证，发现它就是《元史》中记载的原来安放在广寒殿后来不知去向的"渎山大玉海"。"因贱价赎以归，进上。"

昭梿的这个记载与《日下旧闻考》中乾隆帝的说法不太一样。《乾隆十年御制玉瓮歌》中说："命以千金易之，仍置承光殿中。"——

北海团城内的玉瓮

乾隆皇帝听说有这么一个玉瓮后，命人用千金将玉瓮买回，安置在承光殿。

后面的事就没什么不同了：乾隆帝命人在北海团城的承光殿前建了一个小亭，将玉瓮置于其中，并写了一首长长的《玉瓮歌》刻在了玉瓮的内壁上。他还让内廷翰林人人赋诗一首，刻在小亭的楹柱上。

乾隆十四年（1749），乾隆皇帝来承光殿游玩，给玉瓮又作诗一首，道："几年萧寺伴寒齑，仍置承光焕彩霓。梦觉金源成故迹，声腾玉署艳新题。若为巧合延津畔，竟得天全露掌西。松杪照来千载月，夜凉依旧景凄凄。"

玉瓮在承光殿前的石座是乾隆命人重新雕刻的，原来的双层石座则留在了真武庙。乾隆十六年（1751），真武庙重修，并雕刻了一个新的"玉钵"安放在原来的石座上。真武庙于是有了"玉钵庵"的名字。新玉钵为整块汉白玉雕造，周身刻满海浪波纹，蛟龙、海马等海兽出没于波涛之中。据北平市政府寺庙登记时的记载，1936年玉钵真武庙有不动产土地一亩三分一厘七，房屋十七间半，庙内法物有木、泥像七尊，铁磬一口，玉石钵一个，另有石碑两座。玉钵庵名副其实。如今玉钵庵连同玉钵胡同都已不存，那个清代雕刻的"玉钵"和元代的双层石座，被移往法源寺，现陈列在净业堂前。

时应宫：祈雨风云雷神庙

中南海紫光阁之北，有时应宫。宫之东向北有门，曰福华门。据《日下旧闻考》记载："时应宫在紫光阁后，雍正元年建。……前殿恭悬世宗宪皇帝御书额，曰：瑞泽霶和。福华门外，即金鳌玉蝀桥也。"

紫禁城周边，清雍正年间修建了宣仁庙、凝和庙、昭显庙，分别祭祀风神、云神、雷神。

宣仁庙位于东城区北池子大街 2 号、4 号，庙门坐东朝西，殿宇均坐北朝南，主要建筑有山门、钟鼓楼、前殿、正殿及后殿。山门前有座琉璃砖影壁，绿琉璃瓦顶调大脊。山门三间，歇山顶调大脊，黄琉璃瓦绿剪边顶，上悬"敕建宣仁庙"石额。各殿均为歇山顶调大脊，黄琉璃瓦绿剪边顶。

凝和庙在东城区北池子大街 46 号，雍正题有"兴泽昭彩"额。

宣仁庙门

庙门坐东朝西，殿宇均坐北朝南。主要建筑有钟鼓楼及四层大殿。山门前有琉璃砖大影壁，上覆琉璃瓦顶。民国时期改为学校，后为北池子小学。

昭显庙位于北长街 71 号，庙坐北朝南，外垣门东向。中轴线上有影壁，长 22 米，高约 3.5 米，绿琉璃瓦硬山调大脊。今为北长街小学校址。现校内仅存一座大殿，其他建筑已荡然无存。

西苑里建龙王庙

所谓时应宫，其实就是龙王庙。清末民初的夏仁虎《清宫词》中有一首《时应宫》诗："时应宫中祀海王，神龙十七秉珪璋。明朝谢降须更吉，澍泽虔祈礼未忘。"诗人自注说："时应宫在西苑，供龙王像十七，皆秉七星圭。岁以六月十三日命内大臣祀之。别有祈告、谢降二祀，则祈雨与得雨也。祈告素服雨冠，谢降更吉。"诗和注释把时应宫的作用说清楚了。每年六月十三日致祭，求雨时祭祷，下了雨之后要谢降，举行这些仪式时要穿专门的素服。所谓雨冠就是雨天戴的帽子。《清通典·礼十四》："钦定雨冠之制二，其一顶崇而前檐深；其二顶平而前檐敞；皆用明黄色毡及羽缎油绸。"

为什么要在紫禁城之侧建造一座龙王庙？为了皇家就近求雨方便。"时应宫"这名称便表明了这个用意：时者，季也，应时也。《诗经》有云："时和年丰"，意思是风调雨顺，五谷丰登。应者，有求必应也。这里的"应"要读四声。乾隆皇帝在《御制时应宫记》中，就明确说明了建时应宫的目的。因为这座龙王庙是皇家的，又位于紫禁城之侧的皇家内苑之中，庙中所祀的，则是普天之下所有的龙王。前殿祀四海、四渎诸龙神像，东西为钟鼓楼。正殿祀顺天佑畿时应龙神之像，后殿祀八方龙王神像。"顺天佑畿"龙王，是主管北京城郊的龙王；四海、四渎、八方龙王，则包括了全国的江河湖海。这级别、规格、地位之高，远非全国各地其他任何一座龙王庙可比。

在清以前，龙王庙都建在各地，春秋祭祀，专门派官员前往。以元代为例，祀东海龙王于山东莱州（今烟台），祀淮河龙王于江苏唐州（今淮安），祀黄河龙王于山西河中府（今山西永济蒲州），祀济水龙王于河南济源……至清代，则把各地龙王全部汇聚到紫禁城跟前来了。乾隆皇帝为此举给出的理由是："龙神之位既尊。宜特修宫观，一致虔祷。"既然龙神的地位如此重要，自然应该修建高规格的宫观以表示虔诚，以便于祭祀。因此，"乃于西苑内丰泽园北建时应宫，所以致诚神明，俾雨旸时若，稼穑以成者也"。为的就是请求神明，以"雨旸时若"，保证五谷丰登。"雨旸时若"，出自《书·洪范》："曰肃，时雨若；曰乂，时旸若。"说白了，就是该下雨时就下雨，该晴天时就晴天。

风云雷雨皆有祠

清雍正年间，在中南海里建造了时应宫之后，又在紫禁城周边修建了宣仁庙、凝和庙、昭显庙三座庙宇，分别祠祀风神、云神和雷神。

据有神论者的说法，自然界的各种自然现象都有神主管。管刮风的是"风师"，又叫"风伯"；管下雨的是"雨师"，又叫"雨伯"；

管打雷的是"雷公"；管闪电的是"电母"。既然是神，自然都是崇拜对象。金代自金章宗明昌五年（1194）始祀风雨雷师，于景丰门外东南设坛以祀风师，于端礼门外西南设坛以祀雨师并雷师。

清顺治初年，将日月星辰、云雨风雷配飨于圜丘，并在先农坛之南建神祇坛。神祇坛东侧为天神坛，西侧为地祇坛。天神坛坐北朝南，坛北有云形青白石龛四座，分别祠祀风、雨、雷、电四神。

清雍正六年（1728），谕建风神庙。根据礼部大臣所说，风师为二十八宿中的箕星，箕星的位置在东北，汉代就将风伯庙建在都城东郊。所以，应该把风神庙建在景山之东，祭祀之日定于每年立春后的丑日。雍正皇帝同意了："允行。"规制仿时应宫，赐风神号为"应时显佑"，庙曰"宣仁"。前殿祀风伯，后殿祀八风神。

风神有庙，云神、雷神也应当有庙呀。雍正七年（1729），"复以云师、雷师尚阙专祀"，皇帝说：汉儒将雷和风并列祭祀；《易经》说，雷动风散，功实相等；《礼记》里有那么一句话，"天降时雨，山川出云"。云与雷都是管运行造化的神，都应当建庙奉祀，让大臣们讨论一下这事。大臣们说，唐天宝五年（746），增祀雷师，位于雨师之次，每年立夏后申日致祭，宋朝、元朝亦如此；明代将云师排在风师之后，郡、县建雷雨、风云二坛，秋分后三日合祭。

大臣们建议：在西方建雷师庙，祭以立夏后申日；在东方建云师庙，祭以秋分后三日。皇帝同意了，并赐云师号为"顺时普应"，庙叫"凝和"；赐雷师号为"资生发育"，庙曰"昭显"；并以时应宫龙神为雨师，合祀之。

如此说来并没有建雨神庙，因为有时应宫，下雨就归龙王管。紫禁城西华门外北长街北口路东有座福佑寺，民间就把福佑寺俗称为雨神庙了。其实福佑寺原为康熙帝玄烨幼年的避痘所。所谓痘就是天花，这是由天花病毒感染引起的一种烈性传染病，传染性强，病情重，死亡率高，在当时无药可医。害怕染上天花于是找个自以为安

福佑寺外垣门，门内为西牌楼

全的地方躲避起来，即所谓避痘。事实证明，避痘是徒劳的。玄烨
在两岁时（1656）还是染上了天花，脸上留下了瘢痕。然而这却使他
继承了皇位。这是题外话。由此而能证明的是：福佑寺顺治十三年
（1656）时就有了，早于风、云、雷神庙七十余年。

雍正元年（1723），雍正帝将避痘所赐给皇子弘历（即后来的乾
隆皇帝）作为私第，然并未迁入。乾隆皇帝继位后将其改为喇嘛庙，
名福佑寺。

清朝皇帝重祈雨

古代中国以农为本、以食为天。四季风调雨顺五谷丰登，不仅是
农民最大的愿望，也是国家安全稳定的根本保证。如若天旱不雨，不
仅"农夫心里如汤煮"，当皇帝的，也难免焦虑不安。农民，会向龙
王祈雨，皇帝，也有自己的祈雨方式。

《明实录》里，记载着一则明太祖朱元璋求雨的经过。洪武三年
（1370）仲夏，久旱无雨。六月初一日这天凌晨四鼓，朱元璋换上白
色布衣，脚蹬草鞋，徒步走出宫门来到山川坛，坐在一块席子上让太
阳暴晒，一整天不动。天黑了，他衣不解带，就睡在席子上。吃饭，
是皇太子送来的蔬菜杂粮。这样过了三天，初三日傍晚回宫，继续斋
宿于西庑。初四日，赏赐官兵，命令司法部门审决案件，访求天下贤
者……初四日太阳落山之后，天空云气四合。初五日早晨，天降大雨。
雨当然不是求来的，但由此可见：朱元璋求雨是认真的、虔诚的。

清朝皇帝也重视求雨。康熙年间，还因求雨发生过一起震惊朝野

的大案。

　　清康熙五十五年（1716）春天干旱无雨。在热河的玄烨四月十四日令礼部祈雨。数天之后，天仍不雨，康熙皇帝愈发焦急，再发谕旨，命在京的高级官员全部去祈雨。临近端午节了，玄烨担心大臣们只想着过节吃喝、不把求雨放在心上，特发谕旨给在京官员：这个端午节，严禁吃喝会饮，各级官员必须去竭诚求雨。

　　然而正如他所担心的那样，在京的官员们对催办祈雨的谕旨置若罔闻。直到五月初，一位大臣才草草上了一道奏折敷衍了事。康熙一见勃然大怒，命令大学士嵩祝火速回京查办奏折的起草之人，并查问没有参加祈雨的官员名单。玄烨警告嵩祝：查案务须从严，如若徇私作假，陈明夏就是你的"榜样"！陈明夏是顺治朝的吏部侍郎，以"结党营私"罪被处死。

　　嵩祝不敢怠慢。五月十一日，嵩祝将没有参加祈雨的官员名单报知玄烨。其中有户部尚书、工部尚书、左都御史、礼部侍郎、刑部侍郎等，还有两名官员以患病为由，只到了一两次。所涉官员总共三十四人。最后玄烨的处理结果是：礼部尚书赫硕咨革职，四名礼部侍郎降五级留用，祈雨不到的官员分别受到降两级和降三级留任的处分。只有大学士王掞一个，因病豁免。从此以后，再遇天旱，清代皇帝和官员没人敢不虔诚祈雨。

　　玄烨有一次对皇子和大臣们说："京师初夏每少雨泽。朕临御五十七年，约有五十次祈雨。每至秋成，悉皆丰稔。"他想以此证明：由于身为皇帝的他带头虔诚祈雨，所以农业才获得了丰收。他对大臣们说：有一年天大旱，朕于宫中设坛祈祷，长跪三天三夜，日唯淡食，饭菜中连盐都不放。到第四天，步行去天坛，向上苍祈祷。就在这时，天空中浓云四合，大雨如注。朕步行回宫，龙袍全都湿透，连靴子里也灌满了雨水！后来得到各省报告，才知道那天大雨遍及全国。由此可见，精诚所至，可以感动上天。这段话记载在《清圣祖实录》卷二七五中。

《清史稿·世宗本纪》中记载了一次应验的祈雨：雍正九年（1731）六月，"甲寅，上祈雨，是日，雨"。

在清朝史料中，皇帝祈雨而应验的故事不止一两件。因为几乎年年要祈雨，祈雨之后总是会下雨的。乾隆皇帝在《御制时应宫记》中说，一年夏天六月，霖雨下了整十天，几乎造成涝灾。他的父皇雍正帝徒步前往时应宫祈祷，当天就雨住天晴了。第二年，黄河水清百余里。他说，这不就是"神人效灵河海清晏"的证明吗！"信哉，诚之能感物也。"

清乾隆七年（1742），朝廷制定了雩祀礼，即祈雨的仪式。祈雨，也"规范化"了。

久旱必雨。人求雨和天下雨二者不是因果关系。然而封建王朝的皇帝重视农业，关注农业、关注天气，这一点倒是值得肯定的。

忠义庙：何以立马景山东

在景山东麓，紧傍中轴线，有座护国忠义庙。进景山公园东门向北，有两棵并立的古柏，树干苍劲挺拔，枝杈宛若虬龙，此为康熙皇帝御封的"二将军柏"。柏树迤北，一座山门巍峨、红墙黄瓦的古刹便进入视野。那就是护国忠义庙了。

忠义庙地位不一般

坐落于中轴线上的景山是大内镇山，名曰万岁山，俗称煤山，是中轴线上中部的一个制高点。山有五峰，建有五亭。由东向西依次为周赏、观妙、万春、辑芳、富览。这五座亭是清乾隆十六年（1751）建的。登上顶峰，站在正中的万春亭上南望，金碧辉煌的紫禁城尽收眼底；北望，有一座重檐金楹的寿皇殿，位于景山正北方的中轴线上。

寿皇殿始建于明万历三十年（1602），原在景山东北，本是明代皇帝游幸的场所。清乾隆十四年（1749）移建于现在这个位置，"一仿太庙而约之"——形式和太庙一样只是尺寸略小。（据乾隆《御制重建寿皇殿碑文》）殿门外正中南向立一宝坊，前额为"显承无斁"，后额为"昭假惟馨"。"显承无斁"意思是继承先辈的遗志和事业没有厌烦、满足的时候。显，指先祖、前辈；斁（音义），意为厌烦、满足。"昭假惟馨"意思近于"百世流芳"。昭是光明，这里也有"先辈"的意思。假，通"遐"，意思是"远"。四个字的意思是先辈的美德永远流传。

乾隆皇帝对前后两额的措辞和用意，是根据寿皇殿的功能——安佑寿皇而来的。寿皇殿安奉清朝历代皇帝神御（即画像）。从此"宫中苑中皆有献新追求之地，可以抒忧，可以观德"（乾隆《御制重建寿皇殿碑文》）。乾隆二十三年（1758）《御制清明日拜谒寿皇殿》的诗中说，雍正年间每逢清明节，弘历都要随同父皇来寿皇殿行礼。

寿皇殿坐北朝南，外有垣墙，有正殿、左右山殿、东西配殿，以及神厨、神库、碑亭、井亭等附属建筑。大殿正前方为戟门五楹。前为三个门洞的宫门，该门前有石狮一对。另有三间四柱九楼雕兽夹杆石宝坊三座。左右山殿（衍庆殿、绵禧殿）各三楹，东西配殿各五楹。碑亭、井亭各两座，神厨、神库各五处。布局严谨，庄肃堂皇，自成一体。

清代顺治皇帝福临去世后其梓宫及火葬后的骨灰就停放在寿皇殿——他的灵柩是在景山火化的。

寿皇殿东面有一个院落，院门为永思门，门内是永思殿，也是坐北朝南。永思，是"永展孝思"的意思。《诗·大雅·下武》："永言孝思，孝思维则。"乾隆皇帝自己则说："重安神御于是（指寿皇殿），岁时荐新永展孝思。"

永思殿是做什么用的？陈宗蕃在《燕都丛考》中一语道破："永思殿为历代苫庐地。"说白了就是皇家办丧事做道场及王公大臣、皇子皇孙居丧守灵的地方。董鄂妃、顺治皇帝的火化之处，即在永思殿前。

永思门前是观德殿。观德殿的东侧，就是护国忠义庙。于是关帝庙的位置之重要就一目了然了：它前对景山，后倚地安门，原塑于庙内的立马关帝，分明是身后永思殿、寿皇殿建筑群的守护神。

忠义庙建于康熙朝

护国忠义庙为二进院，前院供奉关帝，后院供奉真武大帝，占地面积为一千七百余平方米。现存建筑为清代规制，黄琉璃瓦覆顶，金龙和玺彩绘。

夏仁虎《清宫词》说："护国忠义庙在寿皇殿东，塑关圣立马像，仁慈威猛，不在刘兰塑下。"夏仁虎在这首诗之前，咏的是后门内的黄瓦土地庙。注释说，后门内有土地庙，"相传初求所祀于明，戏以土地像与之。喜曰：明以土地予我矣！尊祀之。及入关，载以进宫，为立庙，覆以黄瓦，俗乎：黄瓦土地庙"。这个传说姚元之在《竹叶亭杂记》中也有介绍，说是当年努尔哈赤在关外时，"请神像于明，明予以土地神"，努尔哈赤"受而祀之"。努尔哈赤"再请，又与以观音、伏魔画像"。伏魔，即伏魔大帝——关公。夏仁虎把护国忠义庙和黄瓦土地庙一起放在《清宫词》里，显然认为两座庙都是清

护国忠义庙

代建的。

　　有些介绍文字说护国忠义庙建于明代，这个说法值得商榷。因为在明人记叙景山的文字中，未见到有这座护国忠义庙。

　　明人蒋德璟于崇祯十六年（1643）曾经被崇祯皇帝召见，地点就在景山的观德殿。他记下了沿途所见："出东华门入东上北门，绕紫禁城行，夹道皆槐树，十步一株。折而西，则万岁山在望矣。复折而北，入山左里门（即今景山东门），上（即崇祯皇帝）御观德殿，皇太子侍立。诸臣趋过永寿殿，至观德殿下。"（明末时观德殿前有永寿殿，今无。）蒋德璟特别介绍了一下观德殿的作用和位置："观德殿在北安门内、玄武门（即神武门）外，万岁山东麓也"，"山左宽旷，为射箭所，故名观德"。就是说，观德殿是皇帝观看射箭的地方。蒋德璟特别又说了一下永寿殿："永寿殿在观德殿东南相近，内多牡丹芍药，旁有大石壁立，色甚古。"（据《壶书》）永寿殿正是护国忠义庙的位置。

《芜史》的作者，明天启年间在朝中当太监的刘若愚写道，"北中门（即北安门）之南曰寿皇殿，曰北果园。（寿皇）殿之东曰永寿殿，曰观德殿"，也没提到有关帝庙。

《明宫殿额名》中也是有永寿殿而没有关帝庙："万佛阁东曰观德殿，又有永寿门、永寿殿、观花殿、集芳亭、会景亭、兴隆阁，万历四十一年（1613）更戬春楼。"这段话证实了乾隆在《御制重建寿皇殿碑文》中说的"寿皇（殿）……本明季游幸之地，皇祖尝视射较士于此"。那么就是说，清初不仅移建、改建了寿皇殿，也改变了寿皇殿以及相邻建筑的功能。永寿门也改名为永思门了，而"在观德殿东南相近"的永寿殿，则改建为护国忠义庙了。

《日下旧闻考》中大臣们已经注意到它了："观德殿东为护国忠义庙"，"护国忠义庙范关圣立马像，恭悬圣祖（即康熙皇帝）御书额，曰忠义"。

为辟邪厌胜建关庙

立马关帝庙前不远处，就是传说中崇祯皇帝上吊自杀的那棵老槐树。

明崇祯十七年（1644）三月十九日夜，李自成攻破京城，崇祯皇帝朱由检叫天天不应、叫地地不灵，实在走投无路，只好到景山上吊自杀。陪同他自经的，只有一个太监王承恩。

二十二日，崇祯的遗体才被李自成手下人放马时发现，只见他以发覆面，白领蓝袍，白绸裤，赤着一只脚，另一只脚穿着鞋袜。衣服袖子上写着两行字，一行是"因失江山，无面目见祖宗于天上，不敢终于正寝"，一行是"百官俱赴东宫行在"。（据文秉《烈皇小识》）后一行话的意思是，让官员们都去投奔他的儿子。

清初人计六奇的《明季北略》中的说法略有不同。说是在崇祯的袖中发现遗书，上写："朕自登极十有七年，致敌入内地四次逆贼直逼京师，虽朕薄德匪躬，上干天咎，然皆诸臣误朕也。朕死无面目见祖宗于地下，去朕冠冕，以发覆面，任贼分裂朕尸，无伤百姓一人。"后面那句话也是："百官俱赴东宫行在。"

山下一棵歪脖老树，据说就是崇祯自经的地方。而文秉在《烈皇小识》中说，崇祯上吊的地点是在"后苑山亭中"，有的则确指为寿皇亭，位于护国忠义庙西南方山坡上。无论是寿皇亭还是那棵歪脖老树，地点都在护国忠义庙的南边。

北京城的庙宇中，数关庙为最多。明代，北京城内外知名的关庙就有五十一座。成书于明朝末年的《帝京景物略》中说："关庙自古今遍华夷。其祠于京畿也，鼓钟接闻，又岁有增焉，又月有增焉。"

护国忠义庙内关帝像

清朝，几乎每年、每月有所增加。

关帝庙为什么多？一个是政治和军事上的需要。因为关羽是"忠义"的化身，皇帝希望他的臣民都像关公忠于蜀汉那样忠于自己；关羽又是武圣，凡有军队的地方都要建关庙，祈求关公保佑打胜仗。还有一个是平衡、对称的需要。凡是供有娘娘的地方，必定供有关帝——此为阴阳平衡。昆明湖东岸、东堤北头有文昌阁，供奉掌管人间功名利禄的梓潼帝君；万寿山西麓、石舫北侧的宿云檐城楼之上，初建时供奉一尊银塑关公神像——此为文武对称。〔这尊银塑神像清

咸丰十年（1860）被侵略军掠走。光绪年重修后，将城楼改为亭，内供关公牌位。〕

更多的关帝庙是为厌胜而建。明朝末年，满洲在东北崛起。明朝君臣认为：满族人之所以厉害，是因为他们的祖坟占据了好风水，于是就派军队捣毁了房山的金陵，又在金陵之上建了一座关帝庙。

关公是"三界伏魔大帝"，能降伏一切妖魔鬼怪，所以凡有大片坟墓的地方，曾有人不幸遇难的地方，通常会建有关庙。清雍正年间，清世宗于阜成门外赐给太监们一块墓地，名为恩济庄。清末大太监李连英死后便葬在这里。在赐给这块墓地的同时，清世宗还在恩济庄路东敕建了一座关帝庙。其用意恐怕不是保护太监们的亡灵，而是防备他们死后变厉鬼为害朝廷。

据《朝阳区地名志》载："东直门外大街东段与三里屯交接之处原有座古刹鬼王庵，坐东朝西，正对东直门，故东直门有鬼门之称。"自元明以来，这一带本是一片荒坟野冢的乱葬岗子。鬼王庵建于何年失考，康熙年间，将鬼王庵建成关帝庙，其厌胜用意显而易见。

为厌胜、辟邪而立关庙、塑关公，护国忠义庙也不例外。那么，此庙出现在景山东麓的原因就很清楚了：是防备那棵歪脖老树下留有什么不祥之物。

现在护国忠义庙正殿里供奉的关帝像是后来重塑的，为戎装坐像。上悬康熙皇帝题写的"忠义"匾额。东西配殿里陈列关帝祭祀专题展。

火神庙：前海花市琉璃厂

火神庙是祠祭火神的庙宇。北京城内外大大小小的火神庙有一二十座。知名度高的，东有崇文门外花市的火神庙，西有琉璃厂的火神庙。最为著名的当数紧傍中轴线的地安门外海子桥北的火德真君庙。此庙有灵官殿、正殿、玉皇阁、斗姥阁。殿堂建筑精美，文化内涵丰富，是北京各火神庙中规模最大、规格最高、保存最完整的一座。

2010 年 12 月 12 日，什刹海火德真君庙举行开光大典，将火神庙正式划为宗教场所。

火神崇拜追根溯源

中国的火神崇拜由来已久。如果非要追根溯源的话，应该源于远古时代人类的自然崇拜。日月星辰、山水木石皆是崇拜对象，火自然

地安门外海子桥北的火神庙东门

不能例外。更何况火能给人带来温暖、驱赶野兽、烧熟食物；火也能带来灾害，毁灭家园甚至伤及人身。人类需要火、敬畏火、有求于火，进而崇拜火，认为火具有巨大的能量。

将崇拜对象神灵化，于是就有了火神。对火神的出身和名字，历来有不同的说法。一般都以祝融为火神，据说他本是颛顼氏的后代，本名重黎，也叫吴回。帝喾当政时，重黎官居火正，能光融天下，帝喾乃命曰"祝融"，死后为火官之神。另据《山海经·海内经》说，大禹之父鲧偷窃了天帝的息壤，天帝命祝融杀鲧于羽郊。根据这些

火德真君画像（藏于大英博物馆）

记载，祝融是天帝手下管火的"火正"。

用无神论的观点来解释，祝融要么是古代一个部落的首领，这个部落的图腾就是火；要么就是一个善于使用火的巫，名叫"融"。祝，就是"男巫"的意思。

北京人老话儿要说家里失了火，就说"遭回禄了"。"回禄"也是火神。《左传·昭公十八年》："郑子产禳火于玄冥、回禄。"禳，音瓤，意为祈祷消灾。玄冥是水神，回禄是火神。那么回禄与祝融是个什么关系呢？有一种解释说，回禄是祝融的弟弟。

地安门外海子桥北的火神庙，名为火德真君庙。有一种说法：火德真君即燧人氏。因为燧人氏钻木取火，使人类进化，后人尊为火神，又称火德真君。还有一种说法：火德真君就是祝融，祝融是华夏族上古神话人物，号赤帝，古时三皇五帝的五帝之一。

祀火神为厌胜防灾

古人建庙，总要有个根由的。龙王庙，建在水泉之畔；马神庙，建在马厩旁边；喜神庙，建在梨园戏院。火神庙建在哪儿呢？

建在最害怕失火的所在。祭祀祈祷火神，为的是别失火。例如南城夕照寺的火神庙所在地，在明代曾经是柴市，柴草集中，最怕失火。据《宸垣识略》记载：火神庙在柴市，明成化间建，有正德七年（1512）建昌侯张延龄碑。

最能说明问题的是琉璃厂的火神庙。琉璃厂是元明两代烧造琉璃瓦的窑厂。据《日下旧闻考》，明代即在琉璃厂东建有火神庙，在琉璃厂西建有真武庙。真武为北方之神，北方属水。火神庙在东，真武庙在西，都是为防止火灾而建，厌胜的用意十分明显。

明嘉靖三十二年（1553）修建外城后，这里变为外城区，琉璃厂便迁至现在的门头沟区的琉璃渠村。到了清代，琉璃厂渐渐发展为京师书肆古玩一条街，还是每年元宵节灯市集中地之一。《燕都浏览志》："灯市在东华门崇文街，今亦在琉璃厂。"

书肆、灯市都怕失火。乾隆乙未年（1775），步军统领衙门请求用所存备赏银五千余两，用于重修火神庙，得到了乾隆皇帝批准。丙申年（1776）正月，琉璃厂火神庙动工，九月工竣。

位于前海东岸、后门桥北的这座火神庙也是为厌胜而建的吗？答案应该是肯定的。

北安门内，西侧是内官监，东侧依次是司设监、巾帽局、纸房、火药局等。据《明史·职官志》，内官监掌管木、石、瓦、土、搭材、东行、西行、油漆、婚礼、火药十作，有柴炭库、木库、油漆作及米盐库、营造库、皇坛库以及宫室营造、陵墓修建诸事。司设监专责管理卤簿、仪仗、雨具、大伞等。巾帽局造宫内使帽靴、驸马冠靴及藩王诸旗尉帽靴。加上纸房、皮房、火药局，没有哪一个是不惧怕着火的。皇城之外还有御马监的草场。有这么多必须防火的要地，理所应当有一座火神庙。

据清代《宸垣识略》记载：北安门外万宁桥北火德真君庙，"唐贞观中创建，元至正六年（1346）重修，明万历年间改增碧瓦重阁。天启中，命太常寺官以六月二十二日祀火德之神，著为令。本朝乾隆间重修，门及后阁改用黄瓦"。照此说，这座火神庙唐代就有了。

另据《帝京景物略》，这座火神庙"改增"的时间为明万历三十三年（1605）。造成这次"改增"的，大概是万历年间的火灾频发。据《明史·五行志》载：万历元年（1573）十一月己亥，慈宁宫后舍火；三年（1575）四月甲戌，工部后厂火；五年（1577）十月丙申禁中火，十一月癸未宗人府灾；十一年（1583）十二月庚午夜慈宁宫灾；十二年（1584）二月己酉，无逸殿灾，十二月癸卯朔又灾；十五年（1587）五月甲子，专管卤簿、仪仗、雨具、大伞等物的司设监失火；十九年（1591）十二月甲辰，万法宝殿灾；二十四年（1596）三月乙亥，火发坤宁宫，延及乾清宫，俱烬；二十五年（1597）六月戊寅，三殿灾，火起归极门，延皇极等殿，文昭、武成二阁及周遭廊坊一时俱烬；二十七年（1599）十一月壬申，内府火，延烧尚宝司印绶监、工部廊，至银作局山墙止；三十三年二月乙丑，御马监火，五月辛巳洗白厂火，九月甲午，昭和殿火，丙申，盔甲厂发生火药爆炸，军民死伤无数……

从这些记载来看，皇城之内的火灾有愈演愈烈、越来越多之势。于是，有了万历三十三年"敕建""改增"火德真君庙之举。

"敕建""改增"之后，火神庙"碧瓦重阁焉。前殿曰隆恩，后阁曰万岁景灵阁，左右辅圣、弼灵等六殿。殿后水亭望北湖"。殿埠有两通石碑，撰文者，一是万历二十三年（1595）的状元朱之蕃，一是万历二十年（1592）的状元翁正春，足见朝廷对这座火神庙的重视。（据《帝京景物略》）

用建火神庙厌胜的方法能减少火灾吗？当然不能。万历三十八年（1610）四月丁丑夜，正阳门箭楼火；四十四年（1616）十一月己巳，隆德殿火；四十五年（1617）正月壬午，东朝房火，十一月丙戌，宣禧宫灾；泰昌元年（1620）十月丁卯，哕鸾宫灾；天启元年（1621）闰二月戊戌，昭和殿灾。

还能怎么办呢？天启元年三月，明熹宗朱由校下令：每年以六月二十二日祀火德之神，命太常寺官致祭，"著为令"。这意味着，该火神庙升格为明朝皇帝遣官致祭的京师第十一座庙宇。

火神庙与王恭厂大爆炸

明朝北京城发生过多起火药爆炸的事故。

万历三十三年（1605）九月位于内城东北角的盔甲厂发生爆炸。原因是有军士去支领火药，火药年久凝结成块，像石头一样坚硬。军士用斧头去砸，"火突发，声若雷霆，刀枪火箭迸射百步外，军民死者无数"。

天启二年（1622）五月丙申，位于先农坛内的旗纛庙正殿灾，"火药尽焚，匠役多死者"。

崇祯二年（1629）十一月庚子，火药局灾；三年（1630）三月戊

报道王恭厂大爆炸的《天变邸抄》

戌，又灾；十一年（1638）四月戊戌，新火药局灾，伤人甚众，六月癸巳，安民厂灾，震毁城垣廨舍，居民死伤无算，八月丁酉，火药局又灾。

在历次火药爆炸引发的灾难中，数王恭厂火药库大爆炸伤亡最为惨重。

王恭厂位于北京内城的西南隅，是明朝皇家的兵工厂，又称火药局，设立于明永乐十八年（1420），日产火药四千斤，常储备量约两万斤。

明天启六年（1626）五月初六日巳时，王恭厂发生一起大爆炸，"声若轰雷"。天空中出现"如灵芝黑色者"，强烈的爆炸产生巨大的冲击波，东至宣武门大街，北至刑部街，周围十几里，尽为齑粉，毁房屋数万间，人死伤两万余。东至通州，北至密云、昌平，都有强烈震感。（据《明季北略》）

对于这次大爆炸的原因，有种猜测是地震引起的。不过根据前后火药局事故频发的情况来看，操作不当引发火药爆炸的可能性最大。王恭厂爆炸后，新火药局建在了西直门内路北，即安民厂，崇祯年间又发生数次爆炸。这恐怕就不是地震引发的了。

《明史·五行志》的一条记载，把王恭厂大爆炸跟后门桥火神庙联系起来了："天启六年（1626）五月壬寅朔（初一日），厚载门火神庙红球滚出。前门城楼角有数千萤火，并合如车轮。"而同书的另一条记载是："（天启）六年五月戊申，王恭厂灾，地中霹雳声不绝，火药自焚，烟尘障空，白昼晦冥，凡四五里。"

《明史·五行志》的这两条记载，似想说明王恭厂大爆炸系天灾而不是人祸，但这个时间与《帝京景物略》说的五月初六日有冲突：如果五月壬寅朔，那么爆炸那天的戊申就应当是初七了；再者，如果真有"火球"于初一日这天滚出，为何过了六天后才发生爆炸？

《帝京景物略》的记载是这样的：天启六年五月初六日巳刻，北安门内侍忽听有粗细音乐声，从空中过了三次。众人惊讶地寻找音乐声的来源，发现竟是从火神庙里传出的。打开庙门一看，忽然有火球滚出升上了天空。紧接着，西南方向便传来了巨大的爆炸声。

谈迁的《国榷·卷八七》也有类似记载："玄武门火神庙守门内臣，闻乐音三叠出自庙中，见有火球滚出腾空而去。众方属目，俄东城声如霹雳，天地昏黑。"

《帝京景物略》还把王恭厂爆炸与花市火神庙联系了起来，说爆炸临发生时，花市火神庙的火神塑像"焰焰欲起，势若下殿出"——火神爷要出门！吓得庙祝跪地抱住神脚说："外边天旱，您千万不能走动！"火神爷才把抬起的脚放下，跟着爆炸声就传来了。

这些记载极有可能是庙中道士编造的神话，为的是增加火神庙的香火。

花市庙记载消防史

花市火神庙，位于崇文门外的西花市大街路北。《宸垣识略》中说，此庙建于明隆庆二年（1568），"为神木厂悟元观下院"，说明此庙跟神木厂是一回事，山门额上的"敕建火德真君庙"，表明了此庙

花市火神庙山门

的官方色彩。敕建，意思是皇帝让建的。

神木厂，是存放皇家木料的地方。永乐年间，官员奉旨去四川一座深山里采集木料，回来向朱棣报告说：那些大树砍倒之后，一夜之间自己就跑到江里去了。于是朱棣就封那座山为神山；砍伐回来的木材为神木。紫禁城宫殿完工后，余下的木料一直堆放在神木厂。为了不让神木厂失火，主管官员修建了这座火神庙。

从此庙建成至民国期间，重修过六次，因为遭遇了六次火灾，说明这个地方火灾频发。花市，出售的是绢花、纸花。附近的商户大多自制自卖，店前店后的成品、材料为灯芯草、绫、绢、缎、绸、绒和各种纸张，多为易燃物。一旦失火，其损失之惨重可以想见。所以，周边商家愈发虔诚地祈求火神保佑。火神庙的最后一次重修在1940年。档案材料记载，1939年六月七日失火，火神庙后院北大殿连同楼上玉皇阁、东西配殿、罩棚及前院火神殿，一并烧毁无存。为这次重修，周边捐款的商户近三百家。

修了火神庙还是止不住发生火灾，怎么办呢？组织消防队吧。

花市火神庙，在清代还是一个消防队——崇东水局的驻地。据《光绪顺天府志》记载，清代北京城有民办官助救火组织——水会，又称水局，由民间商铺集资而设，官方参与协助培训演练，组织夜间巡防之类。成立于咸丰十年（1860）的崇东水局，就设在花市火神庙。因此说，花市火神庙在北京消防史上，还有值得查阅的一页记录呢。

据笔者的同事李乔所著《行业神崇拜》，火神爷还是消防人员的崇拜神。按时烧香上供，祈求火神爷保佑别着火。直到今天，花市火神庙斜对过，还驻有一支消防队。

显佑宫：京城真武第一观

北京城的真武庙有三四十座。由皇帝敕建、朝廷遣官按时致祭的，是地安门外、中轴线东侧的显佑宫。清代《宸垣识略》："显佑宫在地安门东北，奉真武。明永乐间建，成化中修，俱有碑。本朝雍正九年（1731）重修，岁遣官致祭。乾隆间又修，有御书联额并御制碑。庙中丹墀砌石上有（花）文，像梅梢古月，盖旧物也。"

北极真武道家神圣

真武，原称玄武，常常代表方位——北方。所以，明朝时紫禁城的北门名为玄武门。清朝为避康熙皇帝的名讳才改称神武门。

玄武，本是二十八宿中的玄武七宿。道家将其神化，塑造出一位"玄武真君"，还把龟蛇和这位真君放在一起。《楚辞·远游》："召玄武而奔属。"宋朝人洪兴祖对玄武的注释是："玄武谓龟蛇。位在北方故曰玄，身有鳞甲故曰武。"那龟蛇怎么又成为真君神圣了呢？道家典籍《图志》说："真武为靖乐王太子，生而神灵，长而勇猛，志除邪魔，遇紫虚玄君，授以道秘；东游遇天神，授以宝剑，入武当山修炼。功成，白日飞升。奉上帝命，往镇北方。"他的形象是："披发跣足，建皂纛玄旗，统摄玄武之位。"靖乐，也作净乐，是道家学说里的天国。按照这个说法，"飞升"之后的玄武于是成了打着黑色大旗的镇守北方之神，被称为北极佑圣真君。崇信道教的宋真宗赵恒为避宋圣祖赵玄朗之讳，改玄武为真武。

一些皇帝笃信道教，尊真武为真武大帝，并屡有加封。北宋靖康初，宋钦宗加号真武为"佑圣助顺灵应真君"；元大德七年（1303）加封为"元圣仁威玄天上帝"。道家给他的称号就多了：玉京尊神、玄天上帝、玄武大帝、真武大帝。

明朝崇奉北极真武

明洪武元年（1368），朱元璋选择了十位神祇的祠宇列入祀典，把他认为不应当祭祀的神祠定为"淫祠"，下令有司不得祭祀。这十位神祇后来增加到了十四位。后增加的四位即关公、天妃、太仓神、马神。十四位神祇中排在第一位的，是北极真武，并在南京鸡鸣山敕建了一座真武庙，定于每年三月初三日、九月初九日，由太常寺官员持"素修"到庙中上供烧香、行祭祀之礼。

明永乐初年，朱棣定都北京城，在北京城范围内划定了九座庙宇，由朝廷按时遣官致祭，总称为"京师九庙"。排在第一位的，还是真武庙。之后依次是：东岳庙、都城隍庙、关庙、太仓神庙、马神庙、文天祥祠、灵济宫和姚广孝祠。朱元璋在鸡鸣山建了一座真武庙，朱棣也于永乐十四年（1416）在北京城的"坎位"，即地安门外的玉河北岸，为北极真武修建了一座显佑宫。

在此之前的永乐十年（1412），朱棣命隆平侯张信、驸马督尉沐昕、工部右侍郎郭琎、礼部尚书金纯等率二十余万军民工匠，在武当山上大兴土木，为北极真武广建庙宇观群。永乐十五年（1417）封武当山为"大岳"，高于五岳之上。永乐二十一年（1423），敕建的大岳太和山大小宫观三十三处落成。武当山的香火至此鼎盛。

明宪宗朱见深时期，"范金为（真武）像，遣内官陈善赍往武当安奉"。朱见深在对真武的尊崇信仰方面，比他的前辈走得更远。

弘治元年（1488），礼部官员张九功对朝廷增加祭祀对象、提高祭祀规格提出异议，他上疏说："祀典正则人心正"，现朝廷在常规祭祀之外，增加了释迦佛祖、道家三清、玉阙真君，还有神父神母、水官星君什么的，"非所以法天下"。弘治皇帝把奏章下到礼部，让礼部讨论。礼部尚书周洪谟的看法当然与张九功是一致的，他直言有些祭祀"祈祷无应""实为烦渎"，应当罢免。对于北极真武，由于明太祖、明成祖的原因可以不停其祭祀，但应当恢复到朱元璋时代的每年三月初三日、九月初九日两次。弘治皇帝只是部分采纳了周洪谟的意见，对东岳庙、真武庙、都城隍庙、灵济宫的祭祀"俱仍旧"（据《明史·礼志》），敢于直言的周洪谟反倒因为一些文字差错被罚俸两个月。

明世宗朱厚熜更加迷信道教。嘉靖三十一年（1552）令工部右侍郎陆杰提督重修武当山宫观，并封武当山为"治世玄岳"，列为道教第一名山。

崇奉真武所为何来

明朝为什么如此敬重北极真君呢？据明成化十五年（1479）《御制重修灵明显佑宫碑文》中说："太祖高皇帝（朱元璋）平定天下，兵戈所向，神（北极真武）阴佑为多。"所谓阴佑即暗中保佑，反正谁也没看见，朱元璋说暗中保佑了，那就是保佑了。"太宗文皇帝（即明成祖朱棣）肃将天威，兴师致讨，诛戮群奸，家邦载靖。当其六大战时，所向披靡，亦为神显……及内难廓清，人心□定，乃於京城艮隅并武当山各建庙以崇祀事。"朱棣靖难之役所以取得胜利，并成功登上皇帝宝座，也有北极真武显灵帮助的结果，所以天下安定之后，便在京城"艮隅"和武当山建造真武庙以崇祀。这里的"艮隅"被后来的官员指为谬误，应该是八卦中的"坎位"。这块碑现保存在故宫。

由此可见，明初对北极真武的崇祀无非是为了强调"君权神授"，让天下人相信朱家父子当皇帝是天命所归。

据《日下旧闻考》和《大清一统志》说，清雍正九年（1731），世宗胤禛"出内帑之羡"，对显佑宫进行修葺。竣工之后，胤禛应有司之请撰写了《重修显佑宫碑记》。碑文中述说了一番北极真武的来历，认为"道者之说之本出乎经"，奉其为神，"正数典不忘其朔"。至于明成化碑文中对"洪武及靖难间行阵呵护之应"的说法，胤禛没有完全否定，认为"虽语涉响像，尚不谬经文饰怒遗意"。响像，可以理解为"传说、虚构"。虽然不真实可信，其用意尚亦"不谬"，也可以理解，但是却开了一个坏头："其后滥觞罔制，致内官陈善凭兹援纳左道，猥渎明禋。"陈善，就是那个专门往武当送金像的太监，他在显佑宫内做了不少坏事。"宫犹巍然，神岂顾飨？"——雍正帝问道：显佑宫虽然还是那样高大，可是神还会接受祭祀吗？

雍正皇帝认为这座真武庙的存在还是有必要的："惟是神宫，地当坎位，禀元冥之令，符天一之行，佑国佑人，昭格融显，有其举之，亦莫可废。"所以他支持了对显佑宫的修茸。

清乾隆二十八年（1763）再次重修显佑宫，高宗弘历御制重修显佑宫碑记，并御制《显佑宫诗》三首。其中第三首道："武当送岂效前明？壬癸龟蛇语或诚。但使佑民即宜敬，禋宗奚必致深评。"

清朝两代皇帝对维护显佑宫、崇奉真武的真正意义，是非常明确、清醒的。在这一点上，他们比明初的两位皇帝要高明些。

显佑宫今已不存。

铸钟娘娘庙：诞生华严钟

北京中轴线北端西侧的小黑虎胡同，原有座铸钟娘娘庙。它的旁边，便是铸钟厂，又称华严钟厂。华严钟，就是悬挂在京西大钟寺里那口闻名遐迩的永乐大钟。明永乐十七年（1419），华严钟诞生于铸钟厂。如果说铸钟厂是永乐大钟"产房"的话，那铸钟娘娘庙则好比是大钟的催生婆。

先有娘娘庙后有铸钟厂

北京人说古，总喜欢排个先后顺序。譬如说："先有潭柘寺，后有北京城。"如果也落一回俗套的话，可以说："先有娘娘庙，后有铸钟厂。"

铸钟娘娘庙里，供奉着金炉圣母，这是铸造匠人们的保护神。在

明成祖年间所铸的永乐大钟

明清时期，哪个行业都有自己的崇拜对象，并以此作为本行业的保护神。为能顺利铸成大钟，开工之前先向铸钟娘娘烧香上供、虔诚礼拜，这个仪式是必不可少的。所以，大钟铸造开工之前，就已先建好了铸钟娘娘庙。

铸钟娘娘庙始建于何时，没有确切记载。庙内原有四块重修碑记，分别是清顺治辛卯年（1651）、乾隆乙巳年（1785）、道光七年（1827）以及1929年的。顺治年碑文说，该庙供奉的众神"由来已久"，因此说该庙始建于明朝是没有问题的。明朝人也不会铸完钟以后再建庙，一定是在铸造大钟之前建的庙。如果大钟已然铸好，那还求娘娘保佑什么呢!

成书于清乾隆年间的《日下旧闻考》说："德胜门东为铸钟厂，其地有真武庙，内有顺治辛卯年刘芳远撰碑。"乾隆年间住持道纳撰写的重修碑文中称："鼓楼西铸钟厂真武庙原有金炉娘娘王元君大殿三间。"据此，有人认为："金炉圣母铸钟娘娘庙的前身是真武庙，清乾隆五十年（即乙巳年，1785）至道光七年这段时间，真武庙改称铸钟娘娘庙，奉祀主神也由真武大帝变成了铸钟娘娘。"这个说法或许值得商榷。

既然说铸钟娘娘庙为铸钟而建，那为何庙里会有真武大帝呢？这是因为：凡是娘娘庙，供奉的神祇中必定有男神，通常是关帝。铸钟娘娘庙里有位真武大帝，不仅因为这是位男神，还因为真武大帝为北方之神，北方属水，水能灭火，所以常被请来做防止火灾的厌胜之神。冶炼铸造离不开火，但又怕发生火灾，所以真武大帝也成为铸钟工匠们祠祀的神祇之一。据1936年北平市政府第一次寺庙总登记，铸钟娘娘庙是女冠（道士）庙，"庙内法物有神像二十九位"。据《刘芳远撰顺治辛卯年重修圣庙碑》载："兹者铸钟厂北极真武玄天上帝庙，左伏魔右玄坛龙王，后殿金炉娘娘，众神其来久矣。"前殿供三位神祇，中间真武，左边"伏魔"是关公，右边是护法龙王；居于后殿的是"唯其独尊"的铸钟娘娘。从保留至新中国成立以后的建筑面积来看，"前殿三间，通面阔 9.6 米，通进深 4.5 米"，"后殿三间，通面阔 12 米，通进深 8.4 米"。孰大孰小，孰为主孰为次，已经非常清楚了。

该庙为什么被称为真武庙，可能有这样两个原因：头一个，铸钟娘娘不是皇家认可的"正神"。按明太祖定的标准，铸钟娘娘庙属于"淫祠"之列，而真武大帝是皇家认可并遣官致祭的神祇，所以官方称之为真武庙。第二个，铸钟娘娘庙为道家庙观，铸钟娘娘也不在道家神祇"系列"之内，所以道家也将此庙称为真武庙。

该庙名称是什么，周围老百姓最有决定权。"铸钟娘娘庙"是周围百姓的叫法，约定俗成，最后只好不再叫真武庙了。

铸钟娘娘究竟是何许人

铸钟娘娘庙里供奉的金炉圣母，又是哪路神仙呢？这就不得不说起北京地区流传的一个故事了。这个故事有着不同的版本。《北平旅行指南》中就有两个，情节相似，时间背景各异。比较合理的时间，应该是在明朝初年。

故事的大致情节是：明成祖朱棣定都北京城之后，要工匠们铸造一口体量巨大、声音洪亮的大钟，挂于钟楼上。这口大钟用铜十万

讲述民间故事的连环画《铸钟》

斤，钟模子有两丈高。工匠们要分头把十万斤铜都熔化成铜汁，然后浇注进制好的钟模子里，让它们凝成一个整体，既不能有缺损，也不许有裂纹。工匠们一连几次浇铸都失败了，眼看期限已到，工匠的头领心急如焚。他的女儿看到父亲发愁的样子，知道大钟铸不成父亲就得被杀头。可是她一个女孩子，能帮父亲做什么呢？她不知听谁说过，要有人献出生命大钟才能铸成。她把心一横，纵身跳进了熔炉中！沸腾的铜汁里，顿时升起一缕青烟。大钟浇铸成功了。铸钟工匠们为了纪念这位舍身救父的年轻姑娘，尊她为"金炉圣母铸钟娘娘"，并在铸钟厂的旁边为其筑建庙宇，永久祭拜。

这个故事只能说明一个道理：铸造这么大的钟，不是件容易事。因为类似的故事不仅流传于北京，也并不始于明代。《太平御览》卷四一五引《纪闻》中就有一个李娥的故事。说李娥的父亲是三国时代孙权的冶铁官，"一夕炼金，竭炉而金不出"，炉内的金液流不出来，眼看要造成损失，李娥的父亲不仅要被杀头，全家也将沦为奴隶。十五岁的李娥为救父亲也为救全家，"遂自投于炉中"，"于是金液沸涌，溢于炉口"，除了李娥所穿的鞋浮出于炉外，"而身化矣"。这个故事跟北京的传说很接近，北京以身投炉的姑娘，被她父亲抢下了一只鞋，所以后来铸成的大钟敲响时，尾音儿就像"鞋——"。老百姓说，这是姑娘跟她爹要鞋呢。

《纪闻》是唐代中国传奇小说集，就说明类似的故事早在唐代就已经在民间流传了。

各地的冶铁匠人，都有自己的崇拜神，如河北遵化冶铁业的崇拜神是金火二仙姑，是元代冶铁匠人的两个女儿，也是投炉而死的。（明人《涌幢小品》卷四）广东冶铁工人崇拜的是"涌铁夫人"，相传为林氏妇，"投身炉中，以多出铁。今开炉者必祠祀"。（清屈大均《广东新语》）南京铸钟厂祠祀的钟神，是督工者投炉的女儿。还有一个说法见于夏明明《以钟为书 钟以载道》，说金炉圣母铸钟娘娘是真武大帝的女儿。

铸钟娘娘庙香火长盛

尾音儿像"鞋——"的那口大钟，后来就悬挂在北京中轴线的钟楼上。它铸成于明永乐十八年（1420），重达63吨。这口钟是全国体量最大的铜钟，在明清两代担负着为全城人报时的使命——其实它才是名副其实的钟王。

大钟寺悬挂的那口华严钟，动工于明永乐十五年（1417），铸成于永乐十七年（1419），是钟楼上那口大钟的哥哥，虽然重46.5吨，轻了十六七吨，但制造工艺更为复杂。它周身铸满了阳文楷书的佛教经咒22.7万余字，整体衔接得天衣无缝，而且字体工整、笔力遒劲，相传为明代书法家沈度所书。敲击一下，等于把它周身的经咒诵读了一遍。大钟至今仍音响圆润洪亮，钟声可传四五十里。《长安客话》中说："其声宏宏，时远时近，声闻数十里，有异它钟。"它是我国古代冶金铸造技术无比高超的证明。

明成祖朱棣为什么在定都之初的百业待兴之际，立刻委派姚广孝监制这样一口大钟，据说是根据朱元璋的一句话："唯功大者钟大"——铸造一口大钟，以彰显自己的功大。而朱棣自己说，是为了祈祷大明江山永固、国泰民安。也有人认为，朱棣的皇位是牺牲无数人生命换来的，他铸这样一口大钟，是为了超度亡灵，求得心理安慰。

华严钟铸成后，一直放置在汉经厂。直到明万历三十五年（1607）才被挂到京西的万寿寺。清雍正年间，移至觉生寺即大钟寺。这些都是题外话。

铸钟厂一共铸造了多少口钟？据《大明会典》："凡铸造朝钟，用响铜，于铸钟厂铸造。"朝钟，即皇帝上朝时敲的钟。钟声响过，朝门大开，文武百官上殿朝见皇帝。朝钟不仅紫禁城里有，天坛、地坛、日坛、月坛、先农坛、帝王庙，都挂有朝钟。天坛斋宫的那口朝钟最大，重达七吨。明清两代，紫禁城的朝钟天天都要敲，坏了就要换新的。还有，京城内外的寺庙，大都有钟鼓楼，都要高悬钟鼓。所以，铸钟厂不会是干完活儿就关张的临时机构，而是常设机构。如此说来，铸钟娘娘庙在明清两代，应该是香火一直不断的。

孙承泽写于明末清初的《春明梦余录》中说："华严钟厂在德胜门内。旧铸高二丈余、阔一丈余者尚有十数，仆地上，皆楷书佛经。"这些仆在地上的"旧铸"，不知后来去了哪里。

铸钟娘娘庙位于今天的钟楼西侧小黑虎胡同 24 号，现为民居。

黄寺：见证中华民族融合史

　　黄寺，在德胜门外黄寺大街 11 号。临街的门殿坐北朝南，轩昂崔巍，金碧辉煌，覆盖着黄绿两色琉璃瓦的殿顶和鸱吻脊兽，显示着它不同寻常的高贵身世：这是一座皇家寺院，是清朝皇帝为西藏的宗教领袖来京专门修建的。《日下旧闻考》载："东黄寺，顺治八年（1651）奉敕就普静禅林兴建，康熙三十三年（1694）重修。""西黄寺与东黄寺接连，雍正元年（1723）建，乾隆三十六年（1771）重修。"

五世达赖与东黄寺

　　清顺治元年（1644）清军入关，顺治帝即派人入藏邀请达赖喇嘛进京。五世达赖阿旺罗桑嘉措接到清朝的邀请后，只是向顺治帝献礼、问安，没有做出应邀动身的反应。此后，清朝又派遣专人三次进藏，敦促五世达赖前来内地。五世达赖向进藏邀请他的清朝官员说："我今不往，然我必欲往，当于卯年（1651）送马匹，辰年（1652）前来。"

此时的五世达赖和四世班禅共为西藏佛教格鲁派的领袖，达赖喇嘛三十五岁，四世班禅八十多岁。格鲁派，是15世纪初宗喀巴所创立的一个教派，以教阶严格、教戒严明、教义完备著称。这一教派的喇嘛身着黄色衣帽，故又被称为黄教。早在崇德七年（1642），五世达赖和四世班禅便派代表前往盛京（今沈阳），与皇太极政权取得了联系。

清顺治九年正月（1652年2月），五世达赖率随行人众三千人自西藏起程，顺治九年腊月十六日（1653年1月15日）到达北京，受到清廷的隆重接待。顺治皇帝在南苑皇家猎场的行宫，会见了达赖，并赐乘金顶黄轿，居住东黄寺。

五世达赖驻锡的东黄寺，是顺治八年（1651）在普静禅林的基础上，专为五世达赖所建的。寺内佛殿覆盖以黄色琉璃瓦，这是皇家园林才可使用的规格。东黄寺一时香火大盛。

五世达赖在北京期间，也为清世祖诵经祝祷、为帝后和诸亲王"灌顶"。停留了一个多月后，他便以"此地水土不宜，多病，而从人亦病"为由，向顺治帝提出返藏的请求。顺治帝当即允许他返藏。顺治十年（1653）2月20日，五世达赖喇嘛离开北京时，顺治帝除赠送大量贵重礼品和金银外，还命和硕亲王济尔哈朗、礼部尚书觉罗朗丘等人在清河为达赖设宴饯行。当年5月，顺治帝派出以礼部尚书觉罗朗丘和理藩院侍郎席达礼为首的官员，携带满、蒙古、藏、汉四体文字的金册、金印赶到达赖行进途中的代葛（今内蒙古凉城县），正式册封五世达赖为"西天大善自在佛所领天下释教普通瓦赤喇怛喇达赖喇嘛"。达赖接受了朝廷的册封。

五世达赖的来京，意味着清朝没用一兵一卒，便实现了对西藏地区的统辖。

六世班禅与西黄寺

清雍正元年（1723），在东黄寺之西建了西黄寺。

《世宗宪皇帝御制碑文》中说，雍正元年正月，喀尔喀哲布尊丹巴呼图克图率四十九旗蒙古王公，为报答康熙皇帝六十二年来的"教诲养育如天覆焘之恩"，集银四万三千两，要求在东黄寺内塑三世佛像、造八座塔番藏经。"诸藩王等词语恳切"感动了雍正皇帝而获准，于是建成了西黄寺，东黄寺同时也"丹青黝垩焕然以新"。从此，东、西两黄寺被称为双黄寺，成为达赖喇嘛、班禅额尔德尼每年遣使来京进贡的驻地。

清乾隆四十五年（1780），是高宗皇帝弘历的七十大寿。六世班禅通过章嘉呼图克图转达了要来北京给皇帝祝寿的意愿。乾隆皇帝当然十分高兴，因为自从顺治年间五世达赖来过之后，一百二十多年里，达赖和班禅两位宗教领袖再没有到过北京。乾隆皇帝说："朕本欲见班禅额尔德尼，因道路遥远，或身子尚生，不便令其远涉。今既出本愿，实属吉祥之事，已允所请。"他当即谕令在热河仿照扎什伦布寺，为班禅"度地建庙"，供其到后居住。乾隆的七十寿辰庆典要在热河举行，届时"外藩毕集"，加上不远万里从西藏而来的班禅一行，更是锦上添花了！乾隆指示理藩院，根据班禅进京的行进路线，提早制定周密的接待礼仪，依照当年达赖进京途中接待的先例，派一名侍郎和一名散秩大臣携带敕书和御赐品，前往西宁迎接，并设宴款待；班禅到归化城（今呼和浩特），再派御前侍卫等官员和札萨克喇嘛等前往迎接。

为使班禅逐渐适应海拔高度的变化，乾隆给班禅设定的路线是，夏天从西藏出发，先到青海西宁，在塔尔寺度过冬天，待春暖花开再继续东行。

按照计划，乾隆四十四年（1779）藏历六月十七日，班禅一行近三千人，从日喀则的扎什伦布寺出发，踏上了进京朝觐之路。

乾隆皇帝对班禅的行程十分关心，隔几天就颁发一道嘘寒问暖的敕谕并赏赐丰厚的物品，其中有鞍马、御轿，还有御寒的貂皮斗篷、取火用的火镰。

行进途中，班禅与去北京恭请圣安的返藏人员相遇了。来人带来了一幅乾隆皇帝的画像和一道圣谕。圣谕说，这幅画像在什么地方与班禅相遇，就等同朕在什么地方迎接了班禅。还说，朕正在和章嘉呼图克图学习藏语，待会面时好"欣然交谈"。班禅好不感动，当即恭悬乾隆画像，前面摆放供品，五体投地，口啧吉祥、万万吉祥。

乾隆四十五年（1780）七月二十一日，在途中耗时一年有余的班禅一行，在皇六子和章嘉呼图克图的陪同下抵达热河，受到朝廷大小官员的隆重欢迎。乾隆皇帝亲自到专为班禅建造的须弥福寿寺会见了班禅，并用刚刚学会的藏语与班禅亲切交谈。乾隆帝问："长途跋涉，必感辛苦吧!"班禅回答:"远叨圣恩,一路平安。"事后乾隆写诗道:"初见宛然旧相识,本来如是非神通。"

九月初二日,班禅来到北京,驻锡于西黄寺。乾隆皇帝在宫中和圆明园里,多次设宴款待班禅。班禅也走访了在京的各大寺庙,每到一处,都要讲经说法。

十月二十四日,班禅已经感觉身体不适,但还是前往雍和宫和嵩祝寺做法事,在皇宫内祈福赐吉祥。

十月二十七日,在毓庆宫接受皇帝宴请之后,班禅再次向乾隆赠送了礼物——两支印度快枪和几把带鞘的刀剑,令在场人感到惊愕。活佛将武器作为礼物献给皇上,似乎暗示着:西藏并不太平,必要时陛下要动用武力。果然,不久之后西藏就出现了战乱,清廷被迫出兵。这是后话。

十月二十九日,班禅开始发热。乾隆立刻派御医诊视,并亲自到西黄寺探望。班禅得的是天花,在当时无药可治。

十一月初二日黄昏时分,班禅圆寂于西黄寺,享年四十二岁。

乾隆皇帝无比悲痛,辍朝一日,敕命亲王前往西黄寺致祭,并令近畿各寺喇嘛为超度班禅唪经四十九天。

班禅的舍利于乾隆四十六年(1781)二月十三日启程回藏。乾隆皇帝派理藩院大臣、乾清门侍卫等,护送至扎什伦布寺。他本人亲至西黄寺拈香送别。

为永远纪念六世班禅,乾隆命在西黄寺之西偏建清净化城塔及塔院,塔中藏有六世班禅的经咒衣履,还在宫中为六世班禅设立了永久的灵堂。

西黄寺今日犹新

在清代，东西黄寺原占地很大，而且建筑整齐、殿宇庄严、香火旺盛。每年农历正月十五日开放一天，庙里喇嘛举行盛大的"善愿日"法会，跳布扎送祟除邪，俗称黄寺"打鬼"。

"打鬼"本系西藏风俗。据《清会典》记："布达拉众喇嘛，装诸天神佛及二十八宿像，旋转诵经。又为人皮形，铺天井中央，神鹿五鬼及护法大神往捉之。末则排兵甲幢幡，用火枪送至布达山，以除一岁之邪。"乾隆五十九年（1794），"打鬼"从西藏传到了黄寺。嗣后，雍和宫、黑寺、弘仁寺等喇嘛庙才相继有了"打鬼"仪式。由于历代相传，沿袭成风，已然化为北京新春民俗。《京华春梦录》记载黄寺"打鬼"说："每届上元节序，各喇嘛演习舞蹈，或戴面具，或击鼗乐，牛鬼蛇神，聚在一堂，口唱番歌，似有节奏，名曰'打鬼'，能辟不祥。是日万人空巷，裙屐杂沓。"

"打鬼"前后，在黄寺的北教场，自安定门至德胜门之间有走车、赛马大会。北京的马道，以此处最长，也最平坦。走车赛马的规模超过了其他一些庙会。

第二次鸦片战争，英法联军洗劫了东西黄寺，两寺由此败落。

东黄寺今已不存；西黄寺近年被修葺一新。2018 年 5 月 18 日第四十二个国际博物馆日，西黄寺博物馆正式面向公众开放。

西黄寺建筑面积九百多平方米，共有殿堂房屋五十九间。整座寺庙坐北朝南，进门有殿三间，院内有钟、鼓楼各一座，第二进有正殿五间，殿前有东西碑亭两座。东碑记述班禅六世入京的功绩和建造清净化城塔的意义，正面为汉文，背面为藏、满两种文字；西碑上是乾

黄寺内景

隆皇帝的诗。

　　最值得瞻仰观赏的是塔院里的清净化城塔。塔基南北，各有仿木结构的汉白玉牌楼一座。南牌楼之后，有一对蹲坐的汉白玉石犼。石犼中间，一条高台甬道通向石塔。

　　清净化城塔高高矗立在三米多高的石台基上。主塔为覆钵式，高约十五米，通体洁白，须弥底座呈八面体，每一面都用精美的浮雕表现着佛的故事。从须弥座往上，每一层都有雕刻精美的纹饰、法轮、法螺、宝伞、莲花、宝瓶等。塔顶为铜制镏金双层莲花、相轮、宝瓶盖顶。主塔的四角各有一座八棱塔式经幢，高七米，各分五层，每层供有八座佛像，雕刻精美，风格独特。它气势庄重，造型奇特，雕刻

清净化城塔

精美，是清代建筑的杰作，享有"北京白塔之冠"的美誉。

　　西黄寺的清净化城塔不仅仅是一组精美的建筑，更是一座高大的丰碑。它记载着六世班禅的功绩，同时也证明着中华各民族融合的历史。

北顶娘娘庙：中轴北端一明珠

北京中轴线向北延伸，在钟鼓楼以北，鸟巢与水立方之间，一座古色古香的庙宇，好像一颗璀璨的明珠吸引着世人的目光。这就是北顶娘娘庙。在周围一片现代化的高大建筑之中，这座风格迥异的古庙，提示着这片土地曾经的历史。

碧霞元君之源起

北顶娘娘庙，是碧霞元君庙的俗称。所谓娘娘，是民间对碧霞元君的尊称。北京城内外有多座娘娘庙。只要是称为娘娘的，必是产自中国本土的女神。其中两位最著名，一位是碧霞元君，一位是天妃妈祖，所以民间有"北元君、南妈祖"的说法。天妃妈祖原籍福建莆田，来自海边，信奉者大多是参与航海和漕运的人，人称海

神娘娘。碧霞元君据说是泰山之神的女儿，其道场在泰山，所以又
称泰山娘娘。

从碧霞元君的"出身"可以看出，人们对这位女神的崇拜，很大
程度上是对泰山崇拜的延伸。泰山，在中国古代被认为是最高的山。
山越高，离上天也就越近，从秦始皇开始，皇帝们都喜欢到泰山上去

北顶娘娘庙外景

"封禅"。封，是祭天；禅，是祭地。泰山的地位也就因此而大大提高了。古人认为：是山就有神，山神自然也可以有女儿。泰山的女儿最早出现在《博物志》《搜神记》等古代神话小说中。所以顾炎武的《日知录》中说，"泰山女之说则晋时已有之"。

泰山之有"玉女"，始于曹操、曹植父子。曹操所作游仙诗《气出唱》中有"行四海外，东到泰山。仙人玉女，下来翱游"之句。曹植《远游篇》中，也有"神岳俨嵯峨""玉女戏其阿"之句。唐李白《游泰山》诗中，也出现了泰山玉女形象："玉女四五人，飘飘下九垓。含笑引素手，遗我流霞杯。"诗人说的"玉女"，其实是"仙女"的意思，但从此与泰山发生了联系。这样美好的元素自然不能被浪费，于是泰山上出现了"玉女池"，池畔立起了玉女石像。

喜欢编造神话故事的宋真宗东封泰山，据说他在玉女池中洗手时，"一石人浮出水面"，宋真宗说这就是玉女，下令疏浚玉女池，重雕玉女神像，命有司建祠并命名为"昭真祠"，遣使致祭。这时候的玉女其实是仙女，还没有被说成是泰山山神的女儿。

元代，玉女的形象被道家纳入了神仙系列。泰山道士在重葺泰山祠宇时，"自绝顶大新玉女祠"，并更名为"昭真观"。

中国的神祇，须得到皇帝的封号才能奉为"真神"，否则就是"淫祠野鬼"。

自明正统十年（1445）始，内廷不断下诏发帑重修岱顶昭真观；至明宪宗，开启了遣官致祭元君的先例；成化十九年（1483）重修昭真观，宪宗赐额为"碧霞灵应宫"，赐号"碧霞元君"——碧霞元君的封号就是这时候出现的。道教将其进一步神化，说"碧霞元君乃应九炁而生，受玉帝之命，证位天仙，统摄岳府之神兵天将，并照察人间一切善恶之事"，能"庇佑众生，灵应九州"，将其称为"天仙玉女碧霞护世弘济真人""天仙玉女保生真人宏德碧霞元君"。碧霞元君崇拜由此扩散向全国。

京畿五顶娘娘庙

至明朝末年，北京城周边出现了多座碧霞元君祠、碧霞元君庙，因为来自泰山之顶，俗称五顶娘娘庙，其实不止五座。

除北顶之外，被列为五顶的另外几座娘娘庙是：

西顶，是位于海淀区蓝靛厂、始建于明万历年间的"护国洪慈宫"。进入清朝，西顶率先得到康熙皇帝的青睐。康熙四十七年（1708）敕命重修，一年以后落成，更名为"广仁宫"。重修之后的广仁宫成为京西名刹，每年农历四月初一日举行庙会，为期半月，盛况为其他四顶所不及，至今建筑保存完好。

东顶，位于东直门外小关，始建于明天启年间，清末已经废圮。其址大概在今华都饭店与昆仑饭店的位置。

南顶，位于永定门外五六里之南顶村，始建于明，清乾隆三十八年（1773）重修。前殿供奉碧霞元君，殿额题"神烛碧虚"。中殿供奉东岳大帝，额题"神功出震"。后殿供奉斗姥，额题"妙握璇枢"。斗姥亦作斗姆，道教说她是北斗众星的母亲。南顶娘娘庙已无存。

中顶，是位于丰台区右安门外南十里草桥的碧霞元君庙，又名"护国中顶岱岳普济宫"。明天启年间建庙，清乾隆三十六年（1771）

发帑重修，前殿奉碧霞元君，匾额题"滋生溥化"；中殿奉东岳大帝，匾额题"大德曰生"，均为皇帝御书。此庙原为两进院落，目前尚存一进古建院落。

五顶之外，还有"大南顶"。明朝人著的《帝京景物略》，将位于马驹桥的碧霞元君庙列为南顶，称为五顶中最盛。北京人称之为"大南顶"，以区于别永定门外南顶村的"小南顶"。据《帝京景物略》记载，在明朝的时候，每年的四月十八日元君诞辰日，都中士女纷纷前来进香。香会首领一声号令，如同将帅号三军，如同家长令子弟。从初一日到十八日，左安门至马驹桥四十里道路上，各种花会、人流、车辆、轿马充塞，尘风汗气一道相属。桥旁排满各种商摊，出售麻胡、欢喜团等食品，纸泥面具等玩具。返回京城的香客，头戴麦秸编的草帽，脸挂鬼脸面具，身上的尘土有一寸厚，却喜不自胜。

康熙皇帝重修西顶娘娘庙，为后世皇帝做出了示范。乾隆年间对其他四顶娘娘庙也进行了重建。康熙皇帝为什么要重修西顶，修好之后还亲自前来展礼，又是题额，又是撰碑文呢？他在碑文中说："元君之为神有母道焉。母道莫大于坤，今之庙宫适位坤维。元君其佐坤之厚德，以广其仁。"简言之，碧霞元君具有坤之厚德，可以帮助实现他的期盼：保佑天下太平、人民安乐。

清朝末年，金顶妙峰山的娘娘庙成为北京人的朝顶中心。

北顶娘娘庙之新生

北顶娘娘庙的所在地，原是朝阳区大屯乡北顶村。为建奥运村，

妙峰山远眺

原地居民搬迁上楼了，村子的旧房屋拆掉了，只留下了这座庙宇。这是规划人员有意将它保留下来的。为什么要留下这座古庙，理由很简单：它是北京市文物保护单位，同时它还是北中轴延长线上的一座标志性建筑。为了留住它，规划时把国家游泳中心（水立方）的位置向北推了一百余米。

据史料记载，北顶娘娘庙在明宣德年间为一土地庙。传说嘉靖皇帝的母亲到北郊踏青，在此庙小憩进香、许下心愿，转年身怀有孕，生下了后来的嘉靖皇帝。嘉靖皇帝即位后，为母还愿，重修了此庙。庙内原有宣德年造大钟一口，明万历年造香炉一个。清乾隆年间奉敕大修，立有重修碑记。

没有一座娘娘庙是只供奉一位神祇的，北顶也不例外。除主神碧霞元君之外，庙里还供奉着送子娘娘、眼光娘娘、催生娘娘、天花娘娘，此外还有东岳大帝、关帝、药王等男性神祇。有庙就有市。北顶娘娘庙于每年农历四月二十八日开庙市，主要交易农具和农副产品，其间还有戏曲演出。

新中国成立以后，娘娘庙的建筑分别被用于开办合作社商店、铸造厂和小学校。为举办 2008 年奥运会，当地政府迁走了铸造厂和小学校，请文物考古部门对庙的基址进行了勘察，摸清了原来建筑的格局，北京市古建研究所据此绘制出蓝图，复建了娘娘庙的建筑。

如今北顶娘娘庙已成为奥林匹克公园的一部分，为北京民俗博物馆分馆。

老北京蟠桃宫庙会 方砚绘

精忠庙：梨园子弟此为家

天坛北，前门大街东，有条精忠街；街北路东，有个北京市东城区精忠街小学，原名精忠庙小学，因建在精忠庙原址而得名。

清朝人吴长元的《宸垣识略》中说，前门外这座精忠庙建于清朝康熙年间。精忠庙旁有喜神庙，为梨园子弟公所。

上元夜庙前烧秦桧

《北平庙宇通检》中记载：精忠庙位于天坛北精忠庙街，明建，祀岳武穆。

岳武穆即岳飞（1103—1142），南宋抗金名将，宋高宗赵构曾赐以手书"精忠岳军"制成的旗帜。北宋末年，金兵攻陷汴梁，掳走徽、钦二帝。梁王赵构南逃，在江南建立了南宋，即赵高宗。岳飞因主张抗金收复失地，反对与金人媾和，遭到秦桧的陷害，以"莫须有"罪名被杀。三十七年后的淳熙六年（1179），宋孝宗为他平反，追谥"武穆"；嘉定四年（1211），宋宁宗追封他为鄂王。各地人民怀念他，纷纷建庙祭祀。又因痛恨秦桧卖国，在精忠庙门前有铁铸的秦桧夫妇跪像。

这座精忠庙究竟建于明还是建于清？据日本人仁井田升在 20 世纪 40 年代的考察，该庙岳飞像前有一铁香炉，上铸"天启六年春吉日承造"等字样，可知该庙始建于明天启年间。大殿内供奉的岳飞塑像身披甲胄。殿门内有崇祯三年（1630）梨园子弟敬献的"尽忠报国"匾额，还献有岳飞训词"文臣不爱财，武将不怕死，不患天下不太平"匾额，反映出梨园子弟对时局的忧虑和对朝廷文官武将的不满。

崇祯三年以前，正是明朝天下不太平之时：

天启五年（1625），清兵攻占旅顺；

天启六年（1626），清兵围攻宁远；

崇祯元年（1628）十二月，陕西连年灾荒，地方官吏贪黩，饥民揭竿而起聚众造反；

崇祯二年（1629）十一月，清兵进逼北京，袁崇焕被下狱，大将满桂、孙祖寿战死；

崇祯三年五月，满洲兵撤走，袁崇焕以误国罪被诛。

天下不太平，谁还有心思看戏？所以梨园子弟希望有岳飞这样的将领出现，拯救百姓于战乱之中。

清人戴璐所著《藤阴杂记》中说，上元之夜精忠庙有"烧秦桧"的活动，说灵佑宫的灯市结束后，人们就纷纷到精忠庙来，观看"烧秦桧"。

　　灵佑宫全称护国灵佑宫，位于山川坛之北，离精忠庙很近，是明万历年间司礼监太监魏学颜在原真武庙基址上扩建的，占地数十亩。明朝时北京城的灯市集中在东华门外今灯市口一带，清初将灯市迁至南城，灵佑宫便是南城灯市之一。

　　精忠庙要烧的秦桧，不是庙门前铁铸的秦桧像，而是另外用土塑造的，外形还是秦桧的赤膊跪像，塑像之内是空的，可以填充煤炭，放在炭火之中，点燃后使烧之至尽。

　　《藤阴杂记》说，"烧秦桧"，仿照的是"烧火判"。清代北京风俗，上元夜用泥塑造一个判官，高六尺许，外形像一个袒腹而坐的人，腹内空虚，五官七窍、肚脐双乳皆通，内置煤火，点燃后耳鼻眼口及双乳烟火喷发，遍体通红。上元节之夜，地安门外、西黄城根、宛平县城隍庙都有此活动。时人有诗道此事云："谁于火树现雄豪？腰腹燔然尚沃膏。脚色似曾夸进士，头衔犹未换功曹。虚中大可营三窟，注焰无烦驾六鳌。一片热肠人海坐，年年灯影照霜袍。"

　　精忠庙上元夜"烧秦桧"的活动，很可能是此庙一建成就有了的。天启年间，大宦官魏忠贤在朝中一手遮天、迫害忠良，生祠遍及天下。天启年间的"烧秦桧"绝不仅仅是娱乐，其中蕴含着老百姓对朝中奸臣的痛恨。

喜神殿供奉唐明皇

　　从明崇祯三年（1630）梨园子弟捐献的牌匾来看，崇祯年间，精忠

唐玄宗画像

庙已有戏园子和戏班子在此活动，是为戏曲界人士聚集的场所。

据清乾隆年间詹事刘跃云在碑文中说，梨园子弟祖师庙原在精忠庙侧，年深日久，毁于风雨，于乾隆三十二年（1767）报修，获得朝廷批准。乾隆三十五年（1770），重新修复的喜神殿"美轮美奂、流丹飞阁"。精忠庙大门坐西朝东，分为南北两院。供奉岳飞的正殿位于北院，坐北朝南。岳飞殿的后面是喜神殿，喜神殿之西有鲁班殿，东有孙祖殿。鲁班殿内供奉的是鲁班、普安、吴道子，后两位是油漆、彩画、雕塑业的祖师。孙祖殿内供奉的是战国时的军事家孙膑，因受过刖刑而不能正常行走，后被鞋匠奉为祖师。

那么梨园子弟在喜神殿里供奉的是哪位神仙呢？是唐明皇，也就是那位宠爱杨贵妃的唐玄宗李隆基（712—756年在位）。史书记载，唐明皇通晓音律。他选了三百乐工，在"梨园"教授乐曲。"声有误者，帝必觉而正之。"这不就是乐队指挥嘛！同时还有数百宫女在宜春北院研习歌舞。这些乐工和宫女因为都是唐明皇的学生，所以号称"皇帝梨园子弟"。于是，后世的戏园子，便被雅称为"梨园"；从事演戏、奏乐的，便自称为"梨园子弟"；而唐明皇，也就被奉为戏曲界的祖师爷了。所谓喜神，也就是祖师爷唐明皇。庙中清道光七年（1827）安徽子弟程祥翠撰写的《重修喜神殿碑》中说：

"迨至明皇游入月宫，闻天上之乐，归制霓裳曲部，此乐府曲部所以建也。"这就是戏曲界对戏曲之始的说法，也就是唐明皇被尊为戏曲界祖师的依据。

喜神殿内的这位祖师爷，白面黑须，红袍金冠，俨然帝王。朝阳门外东岳庙里的喜神殿，据考证晚于精忠庙喜神殿，供奉的祖师爷则是十五六岁的白面少年，黄袍金冠。京西金顶妙峰山的娘娘庙里，也供有喜神，则是微须，三四十岁模样，帝王装束。

喜神，又被称为"翼宿"。喜神殿里唐明皇头顶上的匾额与前面的牌位上写的都是"翼宿星君"。"翼宿"，本来是指二十八宿中南方七宿的第六宿，因居朱雀翅膀之位，故而得名"翼"。据《春秋元命苞》中说："翼星为乐库，为天倡，主俳倡。"这翼宿跟唐明皇、跟喜神又合而为一了。

据《宸垣识略》中说，清代景山内西北角有连房百余间，"为苏州梨园供奉所居，俗称苏州巷。总门内有庙三楹，礼翼宿。前有亭，为度曲之所"。就是说，景山内西北角也有座"翼宿"庙。可见，凡是梨园子弟居住、学戏的地方，都有供奉"翼宿"。梨园子弟认为"翼宿"即喜神，即唐明皇。此中不无牵强附会的成分，但却是梨园界的信仰，外人不能较真。任继愈先生说："行业神"是用来团结同行的一面旗帜。至于"祖师爷"的来历有无历史根据，是捏造还是附会，尽可姑妄言之姑妄听之，无足轻重。

喜神殿里不是还有七幅壁画吗？1928年齐如山先生拍了照片，发表于1932年、1933年的《国剧画报》上。这些壁画是由梨园子弟出资请人画的。内容有《唐明皇灯节神游图》《唐明皇神游月宫图》

梅兰芳、余叔岩于1932年创办的《国剧画报》

《唐明皇梨园乐舞图》《梨园子弟演剧图》等。与喜神同时被礼祭的，还有传说中的十二音神。他们是：罗公远、黄幡绰、绵驹、王豹、石存符、孙登、叶法善、韩娥、阮籍、秦青、薛谭、沈古之。他们都是古代或善吟唱或善乐器的人。

精忠庙承载梨园史

精忠庙附属房屋三十六间，梨园公所用房十八间，其余为彩画行、靴鞋行办事之所。庙内建有戏台，为各行业召开年会时唱戏所用。梅兰芳在《舞台生活四十年》中说，北京各行各业每年照例要唱一次"行戏"，唱戏的地点除了有固定会馆的之外，大半都在精忠庙、正乙祠这些地方。虽有鲁班殿和孙祖殿，然而一提精忠庙，人们首先想到的是梨园行。

岳飞殿里崇祯年间敬献的匾额还可以证明：明末北京城已有相当多的戏班存在。《梨园会馆碑》的碑文上说，雍正十年（1732），有会首邹致善等六人召集在京的十九个戏班的梨园子弟，在陶然亭附近为艺人置办了一块义地，用以安葬长年漂在京城而身后不能落叶归根的艺人。据乾隆五十年（1785）大修喜神殿的碑文记载，参与捐款的有八个戏园子：万家楼、广和楼、裕兴园、长春园、同庆园、中和园、庆丰园、庆乐园；名列碑文中的戏班有双和班、戬谷班、保和班、裕庆班等三十多个。当时北京城里戏班之多、戏曲舞台之繁荣由此可以想见。大批在京以演戏为生的"北漂"，既需要"抱团取暖"以维护共同的利益，又要协调相互之间的关系，于是带有行业协会性质的梨园公所就应运而生了。

有学者考证，北京的梨园公所成立于清康熙十一年（1672）。精忠庙因是梨园公所办公的地方，从而成为梨园公所的代称。在京的各大戏班、各戏院茶楼，在此聚会议事、商讨制定行规。被称为庙首的梨园会首，多是梨园界德高望重、技艺精深的名角，如高朗亭、程长庚、谭鑫培、杨月楼、刘赶三、黄月山等。庙首除处理行业内部事务之外，还受朝廷内务府管辖，授四品顶戴，应承供奉演出等事宜，于是精忠庙具有了半官方性质。梨园界若出现不法情事，庙首还要承担法律责任。周简段《梨园往事·程长庚"大老板"》中说："道光年间，程长庚即被朝廷内务府委任精忠庙庙首，除处理伶界纠纷外，程长庚着重整肃班纪，鼓励艺人摈弃旧习，致力于提高艺术水平。"

光绪中叶，梨园公所迁至前门外粮食店街南端惠济祠内。1912年由田际云、杨桂云、余玉琴等发起组织正乐育化会，取代了"精忠庙"。正乐育化会后改名为梨园公会，1947年改称京剧公会。

精忠庙，是北京地区戏曲发展史上不可忽略的一页。

袁督师祠：忠良下场堪叹嗟

　　袁督师祠，在北京广渠门内白桥大街路西的一片楼群之中。祠内，展示着一些图片文字。旁边是一座坟墓，两米多高、刻着"有明袁大将军墓"七个大字的青石碑，彰示着坟墓的主人——明兵部尚书兼辽东督师袁崇焕。

宁远大捷重挫清军

　　袁崇焕（1584—1630），字元素，广东东莞人，万历年进士。《明史》说他以有胆略自负，喜欢谈论军事，遇到退休的老年官兵，就跟人家探讨边境上的事，日久后知道了一些情况，"以边才自许"。而那时候，他不过是福建省邵武县的一个县令。

　　明天启二年（1622）正月，他到北京述职，经一个御史推荐，

有明袁大将军墓

把他留在兵部任职方主事，此为兵部里最低的职位。这时，东北满
族人已经建国，八旗兵与明朝军队不断交战，明朝军队屡战屡败，
广宁（今辽宁北镇）明军又吃了败仗。正当朝廷官员们讨论是否放
弃广宁、退守山海关的时候，袁崇焕一个人骑马出去了。部里不见
了他人影，连家里人都不知他去哪儿了。几天以后他回来了，侃侃
而谈关外情况，说："拨给我军马钱粮，我一人就能守住广宁。"朝
廷觉得此人有才干，破格提拔他当了佥事，并拨给他帑金让他招募
军队。镇守辽东的经略使也很重视袁崇焕，提拔他为兵备佥事，任
宁远（今辽宁兴城）监军。

　　经过一两年的经营，明军已在锦州、松山、杏山、右屯和大小

凌河修建了城堡,在山海关外形成了一道防线,宁远已在这道防线之后。天启三年(1623)十月,朝廷换高第为经略使,此人命令放弃这些城堡,将军队和百姓撤进关内,连宁远、前屯也不想要了。袁崇焕反对无效,说:"我官此,当死此,我必不去!"高第拿他没有办法。

大批守军和百姓被迫撤进关内,丢掉的粮食有十余万石,关外的冬天冰天雪地,许多百姓死在途中,哭声载道,军队士气降到了最低

《清实录》中所绘宁远之战

点。袁崇焕请求退休回家，不准，反而提拔他当了按察使。

天启六年（1626）正月，清军西渡辽河，向宁远压来。袁崇焕召集诸将领，刺破手指写下血书，慷慨陈词，并倒地下拜，激以忠义，请求各将领同他一起誓死守卫宁远。将领们被他感动了，誓死抗敌。

正月二十三日，清军向宁远城发起进攻，顶着盾牌迫近城下挖城，"矢石不能退"。袁崇焕命福建兵用火炮轰击，清兵死伤无数，这才撤退了。第二天清兵再次攻城，又被明军火炮击退。战斗异常惨烈，明军的一名军官在点炮时被炸死，努尔哈赤也在这场战斗中受伤。这是自从明军和清军交手以来第一次胜利，史称宁远大捷。

恼羞成怒的努尔哈赤撤退途中血洗了觉华岛，杀死军民数万。袁崇焕"力竭不能救"。

朝中魏忠贤当政，宁远大捷的功劳都记在了魏忠贤及其爪牙的身上，连魏忠贤四岁的孙子都封了伯，而袁崇焕"止增一秩"——只提升了一级俸禄，还被指责有所失职。当时很多人给魏忠贤建生祠，袁崇焕也建了，但是没用。袁崇焕称病回家了。

重被起用擅杀大将

崇祯皇帝当朝后，处死了魏忠贤，袁崇焕被重新起用，封为兵部尚书兼右副都御史，督师蓟辽，兼督登莱、天津军务。他向崇祯皇帝许诺："只要五年，我可以收复辽东！"崇祯皇帝听了非常高兴，答应了他提出的所有条件，并赐以尚方剑，"假之便宜"——可以根据情

绘于清乾隆年间的袁崇焕画像

况自行做主处理一些事情而不必请示皇帝。

袁崇焕掌握大权之后想做的第一件事，便是清除军中腐败、除掉毛文龙。因为袁崇焕有五年复辽之说，退朝以后，阁臣钱龙锡便到袁崇焕的住所，询问他五年复辽的具体方案。袁崇焕说："恢复辽东，当自东江始。毛文龙可用，则用之；不可用，则杀之。"就是由于袁崇焕跟钱龙锡

说了这话，后来钱龙锡被罢官入狱，险些被处死。

毛文龙原是明军的一名都司。辽东失守后，他跑到了皮岛。皮岛又称东江，今称椵岛，属朝鲜，在渤海湾中，北边八十里就是后金军的占领地，东北是朝鲜，岛上的居民都是从陆地逃来的。毛文龙将岛上兵民组织起来，号称十万。朝中便授毛文龙为总兵，挂将军印，赐尚方剑。毛文龙也攻打过后金军，但结果都失败了。皮岛绵亘八十里，寸草不生。为了生存，毛文龙伸手向朝廷要钱要粮，"每岁饷银数十万"，同时"广招商贾、贩易禁物"，大做走私生意，跟朝鲜倒卖人参、布匹牟利。

袁崇焕认为毛文龙"冒饷"——虚报人数、吃空额，曾经建议部里派文官去监管毛文龙的粮饷，遭到毛文龙抵制。袁崇焕到任之后，毛文龙来拜会。袁崇焕拿他当客人招待，"接以宾礼"，而毛文龙却没

113

有谦让。他本该居于袁下，承认袁是他的顶头上司才对，可他却大模大样、以老资格自居。于是袁崇焕便决计要杀毛文龙了。这是《明史》的说法。

而《烈皇小识》的作者、崇祯朝大臣文震孟之子文秉则持另一种说法。文秉说——

崇祯当朝之后，毛文龙想做出点业绩来表现一下，私下和后金军达成协议：我送给你三百万两银子，你退还我两卫之地。此事被袁崇焕知道了，袁派一个喇嘛去和后金交涉：希望后金解除跟毛文龙的协议，而把两卫之地退交给袁，袁愿付更高的代价。"而清最重盟誓，坚持不可。"喇嘛僧回来后遂向袁献策："唯一的办法，是杀掉毛文龙。"按照文秉的说法，这便是袁杀毛文龙的动机。

在杀毛文龙的细节上，文秉和《明史》中的记载是一致的。袁崇焕到毛文龙的驻地皮岛上去阅兵，"与相宴饮，每至夜分，文龙不觉也"。在毛文龙毫无戒备之下，袁崇焕以观将士射箭为名，先设幄山上，令一名参将率甲士埋伏帐外。"文龙至，其部卒不得入。"席间，袁崇焕突然责问文龙违令数事，文龙抗辩。袁崇焕突然"厉色叱之，命去冠带絷缚"，列举其十二条罪状之后，取出尚方宝剑，将毛文龙斩于帐前。"当是时，文龙麾下健校悍卒数万，惮崇焕威，无一敢动者。"然后，袁崇焕命棺殓文龙。第二天，他在毛文龙棺前祭拜，说："昨天斩你，是朝廷大法；今天祭你，是僚友私情。"还落了泪。

袁崇焕知道，毛文龙是朝廷大将，即使有罪，他也是无权擅自处死的，所以在向皇帝汇报时说："文龙大将，非臣得擅诛，谨席稿待罪。"崇祯皇帝听到这个消息之后非常震惊，但转念一想，反正毛文龙也死了，暂且接受这个现实吧，没有责备袁崇焕。

被捕下狱处以极刑

毛文龙被杀，毛的部下如鸟兽散，许多将领投靠了后金，并在后来南下中充当了先锋。

后金没有了后顾之忧，发兵南下。三个月之后的崇祯二年（1629）冬天，后金军绕开袁崇焕镇守的山海关，向西假道科尔沁、入喜峰口，直抵北京城下。

袁崇焕闻变急忙率军赴救，长途跋涉，于十一月十日抵达广渠门外。崇祯皇帝马上在平台召见了他，"深加慰劳"，赏他饭吃，还赐他貂裘。袁崇焕说，他的部队士马疲惫，能不能先进城休整一下，皇帝不允。《明史》说袁军只好马上投入战斗，与后金军互有杀伤。而文秉的《烈皇小识》则说袁军"听（任）虏骑劫掠、焚烧民舍，不敢一矢相加"。

城外一些达官贵人的花园别墅被后金兵蹂躏殆尽。面对一些大臣的指责，袁崇焕说："鞑子此来要做皇帝，已卜某日登极矣！"听者"至挢舌不能下，举朝疑之"。他大概是想说：我只能管朝廷的大事，管不了为你们保家护院的小事。但他说的话太容易被曲解了。一些人便在皇帝面前讲他的坏话，说他拥兵纵敌。

此前，袁崇焕曾打算跟后金军议和，以争取时间整饬边务，但遭到朝廷反对。因而有些官员便说，后金军是袁崇焕引进来的，目的是胁迫朝廷与后金军订城下之盟。文秉所著《烈皇小识》中说，当时北京民间传言："杀了袁崇焕，鞑子跑一半！"这个传言无非是袁崇焕的反对者制造的，但确能让老百姓相信。所以，袁崇焕被当时的北京人恨之入骨，凌迟之时，其肉被人争而食之——这是后话。

诬告和谣言传到崇祯皇帝耳朵里，引起对袁崇焕的怀疑。据昭梿《啸亭杂录》，当时皇太极玩了一个反间计，把抓来的一个杨姓太监关在帐中，让人在帐外说话："咱们大汗已经跟袁崇焕谈好了，马上撤兵，过几天袁崇焕将有所表示。"故意让杨太监听见，然后将他放走。这话传到崇祯皇帝耳朵里，袁崇焕就倒霉了。

十二月初一日，崇祯皇帝在平台第二次召见袁崇焕，当即"缚下诏狱"，让满桂取代了袁崇焕。有大臣说："大敌当前，临阵易将，兵家所忌。"崇祯皇帝说："事已至此，不得不然。"袁崇焕的部将祖大寿在一旁吓得"战栗失措"，出来之后便率军逃跑。崇祯皇帝命身在狱中的袁崇焕给祖大寿写信，这才把祖大寿叫了回来。

十二月下旬，后金军在北京周边抢够掠足之后，撤走了。

崇祯三年（1630）八月"磔袁崇焕于市"。兄弟妻子流三千里，籍其家。"崇焕无子，家亦无余资。"《明史·袁崇焕传》中说，当时"天下冤之"。而据昭梿《啸亭杂录》则说，"举朝无以为（冤）枉者"，都认为袁崇焕罪有应得。明末清初张岱在《石匮书后集》里记载了袁崇焕凌迟时的惨状："遂于镇抚司绑发西市，寸寸脔割之。割肉一块，京师百姓从刽子手争取生啖之。刽子乱扑，百姓以钱争买其肉，顷刻立尽。"

反间计可能是真实的。但即使没有反间计，袁崇焕也不会有好下场，因为当时的局势对袁崇焕太不利了。他除了有"擅杀大将"的罪过之外，还有一个"负君"的罪名，即辜负了崇祯皇帝的信任，甚至可以说是欺骗了皇帝：你许诺"五年之内复辽"，现在刚刚两年，你非但没有收复辽东一城一地，还把后金军"引"到了北京城下，皇帝能不恼火吗？还有朝中魏忠贤阉党的余孽，为置阁臣钱龙锡于死地，先把袁崇焕的"大罪"坐实，再把钱龙锡说成是袁崇焕的后台、主使。结果也正是如此：袁崇焕被诛，钱龙锡下狱，后被流放。

《明史·袁崇焕传》说："自崇焕死，边事益无人，明亡徵决矣。"

袁督师祠墓得到保护

袁崇焕死后，尸骨暴于街头。余氏义仆收殓骸骨，葬于广渠门内的广东义园，并结庐于墓侧，世代为袁守墓。

清乾隆末年，高宗认为袁崇焕是明朝忠良之臣，下场值得同情，指示地方官，查找袁氏后人。《清实录》："昨披阅《明史》，袁崇焕督师蓟、辽，虽与我朝为难，但尚能忠于所事。彼时主昏政暗，不能罄其忱悃，以致身罹重辟，深可悯恻。"

1917年，东莞人张伯祯筹措资金对袁崇焕祠墓进行大规模修缮，并在广东新义园（今龙潭湖公园内）修建了"袁督师庙"。

新中国成立之初，北京城内平坟迁墓，广东义园面临拆迁。叶恭绰、柳亚子、李济深、章士钊联名上书毛泽东，呼吁保护袁崇焕祠墓，以示"提倡民族气节和爱国主义"。

位于广渠门内白桥大街南口路西楼群中的袁崇焕墓和祠

　　1952 年 5 月 25 日，毛泽东在给叶恭绰的复信中说："明末爱国领
袖人物袁崇焕先生祠庙事，已告彭真市长，如无大碍，应予保存。"
　　1984 年，袁崇焕祠墓和位于龙潭湖公园的袁督师庙一同入列北
京市文物保护单位。

于谦祠：留得清白在人间

清人孙承泽《春明梦余录》中记载：于少保忠肃祠在崇文门东裱褙巷，公故赐宅也。祠三楹，祀少保兵部尚书于谦，塑公像，危坐。岁春秋遣太常等官致祭。

清人吴长元《宸垣识略》中亦有同样文字，并说："考按：今祠已废。"

于少保、于忠肃，即明景泰年间兵部尚书于谦。

今东单之东，建国门内大街路南，一栋栋现代化高楼大厦之间，有一处青砖平房院落，这是重修后的于谦祠。祠所在的西裱褙胡同已然消失，所有的平房、四合院都已不复存在。如今于谦祠已重新开放供人凭吊。入口大门上高悬金字黑匾，上书"丹心抗节"。祠里悬挂着于谦的画像，画像上面是"热血千秋"四个大字。上联：丹心托月；下联：赤手擎天。周边墙上用图、文介绍着于谦的生平事迹。

于谦祠外

危难中勇于挺身担当

于谦，字廷益，钱塘人，永乐年间进士，历任御史、兵部侍郎。《明史·于谦传》说他"生七岁，有僧奇之，曰：他日救时宰相也"。是否有和尚曾经预言或可疑问，但是"救时宰相"四字对于谦的评价却是恰如其分的。

明正统十四年（1449）秋天，北部草原的瓦剌部落在也先的率领下，向驻守在山西大同一带的明军发起进攻。明英宗朱祁镇在宦官王振的怂恿之下，轻率带兵亲征，带领五十万大军出关去与瓦剌交战。时任兵部侍郎的于谦与尚书邝埜极力反对，但英宗不听。邝埜只好随同皇帝出征，于谦留守北京处理部务。

不久，"土木之变"发生，五十万大军全军覆没，邝埜和许多大臣一起死在乱军之中，英宗则被瓦剌人俘虏。

消息传来，京师震恐，朝中更是哭声一片。人们预感到北京城很快将面临瓦剌骑兵的大举进攻，明朝社稷危在旦夕。负责监国的朱祁镇之弟、郕王朱祁钰与众大臣紧急商议对策。大臣徐珵主张迁都，他说："星象表明，北京城面临刀兵之灾，只有迁都南京才能免除此难。"

于谦坚决反对，严厉斥责徐珵说："言南迁者，可斩也！独不见宋南渡事乎！"主张南迁者，应该杀了他！难道不知道宋高宗渡江之后的教训吗！他说："京师乃天下之根本，一动则大势去矣！"

郕王朱祁钰认同了于谦的意见，决定坚守北京。但是这时候，精锐部队已经被消灭在土木之役中，在京的兵力不到十万，而且全部是老弱残兵。于谦说，可以马上调集全国各地的军队来京。大家这时才稍稍安定些。

于谦祠内

敌人马上就要来进攻，而朝中不能没有皇帝呀！朱祁镇的儿子这时年纪又太小，于是于谦和大臣们请太后做主，将尚在北方当俘虏的朱祁镇尊为"太上皇"，让郕王朱祁钰做了皇帝，是为景帝，年号改为"景泰"。

于谦向景帝推举了一批能干的大臣和能带兵打仗的将领，并将调动军队、部署守卫京城的事情承担起来。说："军旅之事，臣身当之，不效则治臣罪。"景帝接受了于谦的建议，委任于谦为兵部尚书，将保卫北京的重任交给了于谦。

转危为安居功不受赏

果然，瓦剌大军在太师也先的率领下，挟持着明英宗，攻破了紫荆关，来到了北京城下。

也先原以为北京城已经没有了战斗力，他的大军一到，北京就会打开大门，迎接他的军队进城。没想到明朝有了新天子，不仅大门紧闭，而且戒备森严。于是他便想用武力打开北京城，令大军在北土城外扎下了大营。

此时的北京城可谓固若金汤。于谦起用了武将石亨等人，分遣诸将列阵于北京城外御敌，他本人亲自在城外督战。京城军民在于谦指挥之下，同仇敌忾，在德胜门外用火炮轰死了也先的弟弟卯那孩。也先军转而进攻西直门，又遭到石亨等人的重创。见得不到便宜，也先担心有更多的军队来支援北京，只好退出紫荆关，逃回关外。北京城转危为安。

论功行赏，石亨被景泰皇帝加封为武清侯；明朝文官不能封侯，所以只加封于谦为少保。于谦推辞说："四郊多垒，卿大夫之耻也。敢邀功赏哉！"听说他的住宅简陋，"仅蔽风雨而已"，朱祁钰便赏他一所住宅在西华门。于谦说："国家多难，臣子何敢自安？"再三推辞不掉，只好接受，但他并没有住，仍住在西裱褙胡同——这里在明朝初年可谓背街小巷。

大将石亨原本是因犯有过失被削职的，因为于谦的保荐才被重用。他深知在京城保卫战中自己的功劳没有于谦大，却被封了侯，颇不自安，便在皇帝面前保举于谦的儿子为官。于谦坚决不受，并且严词批评了石亨："在国家多事之时，臣子不应考虑个人私恩。石亨身为大将，不说举贤荐能、拔携行伍以利国家，单单举荐我的儿子，这能服众吗？我绝不敢以子滥功。"弄得石亨非常尴尬，记恨于心。

清代画家顾见龙绘的于谦像

虽然京城保卫战取得了胜利，但于谦没有掉以轻心。他着手整合军队，选精兵十万，分十营进行操练，称为团营。同时，还完善了北京周边的防御系统。

也先原本想以手中的朱祁镇为人质，向明朝索取政治、经济上的好处。没想到，在于谦面前他一筹莫展，他手中的朱祁镇也失去了作用，便主动要求与明朝讲和。一年之后，也先将朱祁镇送回了北京。已经坐稳了皇位的朱祁钰，打心眼里不希望他哥哥回来，但还是回来了。朱祁钰把他的这位哥哥"太上皇"，软禁于位于南池子以东的东苑。

明朝历史上的这场严重危机，至此可谓已化险为夷。

于谦之清白永留人间

景泰八年（1457）正月，乘朱祁钰患病之际，当年遭于谦斥责的徐珵，此时改名叫徐有贞了。他和武清侯石亨、太监曹吉祥等人搞了一场政治投机性质的"夺门之变"，将朱祁镇重新扶上皇位，改元天顺。

于谦等景泰年间的大臣，则成了这场政变的牺牲品。于谦被诬以"谋逆"之罪下狱，徐有贞一定要将于谦处以死刑。据《明史》说，朱祁镇也知道于谦有功于朝廷，有些犹豫。但徐有贞说："不杀于谦，此举无名。"朱祁钰病危，让朱祁镇重新回来当皇帝岂不顺理成章，何必要发动政变？这些投机者编造了一个谎言，说于谦等人谋立外藩——再请一个王爷来当皇帝，所以必须用政变的手段让朱祁镇复辟。如果不以"谋立外藩"杀死于谦，这"夺门之变"就没有借口了！于是朱祁镇同意了。

据《明史》记载，于谦被害之日，京城"阴霾四合，天下冤之"。一个曹吉祥手下名叫朵儿的军官，跑到杀害于谦的地方，酹酒大哭。在他的带动之下，许多百姓也来哭奠。曹吉祥知道后把朵儿痛打了一顿，但朵儿第二天又去了。

于谦被杀，妻子和儿子也被流放，京中再没有亲属。一个敬佩于

125

谦为人的官员——都督同知陈逵，收殓了于谦遗体。

皇太后事后才得知于谦被杀，"嗟悼累日"。史称：朱祁镇也有些后悔。

于谦为官清廉。他在地方任职时，要进京办事，有人劝他带上一些土特产，送给主管官员。他什么也不带，写诗道："绢帕蘑菇与线香，本资民用反为殃。清风两袖朝天去，免得闾阎话短长。"

在瓦剌大军兵临北京城下、形势最为危急之时，于谦日夜留宿于"直庐"，连家都不回。朱祁钰派人去看望，发现他衣食简单、"服用过薄"，命人做了饭菜给他送去。于谦劳累过度、痰病复发，朱祁钰亲自到景山去砍竹子、取竹沥给他治病。有人说朱祁钰太宠信于谦了。朱祁钰身边的太监说："他日夜为国分忧，不问自己家事。这样的人要是去了，让朝廷去哪儿再找这样的人？"

"夺门之变"发生后，朱祁镇派人去抄他家，发现这位当了八年兵部尚书的于谦"家无余资"，紧锁的正房里，尘封的蟒衣剑器全部是景泰皇帝赏赐他的，他动都没动。

政治投机的石亨得势之后，便在自己的宅第里大兴土木建造楼房。接替于谦职务的陈汝言是石亨一伙的，任职一年之后因贪腐被查处，"赃累巨万"。朱祁镇愀然对大臣们说："于谦被遇景泰朝，死无余资；汝言抑何多也！"——于谦在景帝时那么被宠信，死后却家无余资，这个陈汝言刚刚一年，怎么就捞到这么多钱呢？

那些投机者并没有得到好下场。石亨后来获罪"下狱死"，曹吉祥因谋反被诛，徐有贞被流放到云南。

明英宗朱祁镇的子孙知道：如果没有于谦，他朱家的天下将是什

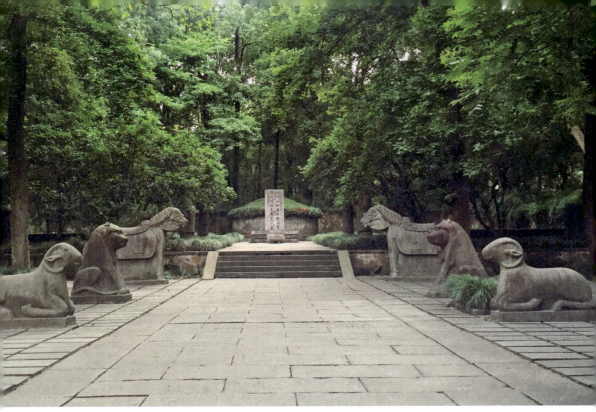

杭州西子湖畔的于谦墓

么样子就很难说了，明朝的后半部历史也要改写了。在于谦被处死九年之后，英宗的儿子成化皇帝朱见深为于谦平了反；又过了二十三年，英宗的孙子弘治皇帝追赠于谦为光禄大夫、柱国、太傅，谥"肃愍"；万历中，改谥"忠肃"。

于谦的遗体后被安葬在西子湖畔的三台山。平反之后当地为他建了一个祠。书法家董其昌题写的柱铭是："赖社稷之灵，国已有君，自分一腔抛热血；竭股肱之力，继之以死，独留青白在人间。"

最后一句出自于谦的诗《石灰吟》："千锤万凿出深山，烈火焚烧若等闲。粉骨碎身全不怕，要留清白在人间。"

人们来于谦祠凭吊于谦的时候，总会想起于谦的这首诗以及他的为人。

普度寺：铭记小南城兴衰

　　南池子之东、皇史宬之北、东安门大街之南，有一处值得凭吊的寺庙——普度寺。

　　这座寺庙的建筑非常独特：寺的山门为三间；主建筑大殿坐落在

普度寺大殿

高高的"凸"字形汉白玉须弥座上；大殿为砖木结构，面阔七间，前出厦五间，进深三间，窗棂低矮，四周有三十六根檐柱；殿顶为黄琉璃瓦绿剪边，前抱厦为绿琉璃瓦黄剪边，檐、飞檐，分三层。殿额为乾隆御笔题写的"慈济殿"，殿内额为"觉海慈航"。整座大殿雄伟、庄严、沉稳。古建专家介绍，这是典型的满族风格，这样的文物建筑在北京就此一处。

普度寺的文物价值不仅仅在于它的建筑风格，更值得了解和品味的，是蕴含在这座建筑和这块土地上的历史。

第一位主人朱瞻基

或问：既然中轴线的典型特征是对称，那么紫禁城西有西苑，而城东为何没有东苑呢？其实是有的——明朝初年营建的皇城之内有东苑。普度寺所在的位置，即在东苑之内。

东苑面积也是相当大的。西起南池子，东到东黄城根，北到东安门大街，南至菖蒲河，东南角上建于清顺治年间的普胜寺（今欧美同学会），西南角上建于明嘉靖年间的皇史宬，今南池子南口的飞虹桥，都在当年的东苑范围之内。

《明实录》记载，永乐十一年（1413）五月初五日，朱棣乘车驾来到东苑，和文武大臣、各国使节一起欢度端午节，京城百姓也被允许来看热闹。活动中有击球比赛，由驸马都尉袁容带领左队，宁阳侯陈懋带领右队。然后是射箭表演，由皇太孙朱瞻基开始，诸王大臣依次击射。朱瞻基连发三箭，箭箭命中靶心，把朱棣高兴得不得了，命

明宣宗画像

文臣赋诗庆贺。

朱棣特别喜爱他的这个孙子。朱棣不大喜欢他的继承人朱高炽，也就是朱瞻基的父亲，要不是因为他的这个宝贝孙子，说不定就把朱高炽的太子资格取消了。朱棣认准了，孙子朱瞻基将来一定是位好皇帝，所以经常对他进行思想教育。有一次朱棣带着朱瞻基游琼华岛，说：这就是导致北宋灭亡的艮岳。金人不引以为戒，把它搬到了这里；元人还不引以为戒，又大兴土木加以扩建。来到此处，追思以往，想想古人说的：不要追求豪华的享乐。将来你坐了天下，处理完大事可以到这里来，想想我今天对你说的话，想想古代圣贤的明训，那就是国家百姓之福了。这件事情朱瞻基后来向大臣们讲过，并把它刻在了石碑上。

后来，朱棣在东苑里给朱瞻基建了一座太子府。朱瞻基当上皇帝——就是宣德皇帝的第三年夏天，他召集几个大臣来东苑故地重游。大臣们事后写道，这里"夹路皆嘉树，前至一殿，金碧焜耀；其后瑶台玉砌，奇石森耸，环植花卉。引泉为方池，池上玉龙盈丈，喷水下注。殿后亦有石龙，吐水相应。池南台高数尺。殿前有二石，左如龙翔，右如凤舞，奇巧天成"。转了一圈之后，朱瞻基对大臣们说：旁边还有几间草舍，是我当年读书的地方，你们也去看看。大臣去了一看，所谓"草舍"原来是一座小宫殿。所不同的是，梁栋椽桷都是没有经过斧、刨加工的山木，四面的围栏也是用带着树皮的粗树枝干扎的；殿顶覆盖的也不是琉璃瓦，而是稻草。殿西有一条弯曲小路，通向一扇柴扉。有一条河，河上有桥，桥上盖有一座草亭。过了桥，又有一小殿，"有东西斋，有轩，悉以草覆之。四围编竹篱，篱下皆蔬茄匏瓜之类"——这就是朱瞻基当年弹琴读书的地方。

游览一圈之后，朱瞻基带着大臣们来到河边，吩咐道："拿网来！"用网一抄，便捕到好几条鱼。朱瞻基让太监们拿去烧了，给大臣们下酒。

朱瞻基玩得很开心，赏了大臣们一些金帛、绦环、玉钩等物，然后让他们吃饱喝足了才走。可见，明初的东苑，是个很好玩的地方。

第二位主人朱祁镇

二十年以后，东苑有了第二位主人，他就是朱瞻基的儿子朱祁镇。他到这可不是来休闲游玩的，而是被软禁到这里的，一禁就是六七年。

正统十四年（1449），朱祁镇在土木堡兵败被瓦剌人俘虏，滞留塞外，史称土木之变。朱祁镇的异母弟弟朱祁钰便遥尊他的哥哥为太上皇，自己当了皇帝，是为代宗、景泰皇帝。一年多以后，瓦剌跟明朝讲和，把朱祁镇送回了北京。

已经坐上皇帝宝座的朱祁钰，自然不愿意把皇位交还给朱祁镇，便把他的太上皇哥哥禁锢在东苑之内的崇质宫里，大门上了锁，锁眼

明英宗朱祁镇画像

里灌了铅，别说没钥匙，有钥匙也打不开。吃饭呢，由光禄寺官员做好了，从小洞里递进去。这哪是太上皇啊，整个一囚犯。

《日下旧闻考》里转载着《浚县志》中的一个故事：有一次，一个叫张泽的小吏到光禄寺办事，听见朱祁镇饿得直喊叫，要吃要喝，光禄寺的官员就是不给他。张泽就想：历史上有几个当俘虏的皇帝，还能全须全尾地回来？说不定这个皇帝将来有翻身那天！于是就悄悄弄来一些酒饭给递了进去。朱祁镇就把他记住了。

禁锢朱祁镇的，即俗称黑瓦殿的崇质宫，只占东苑的一小部分。明朝初年，东苑里分为三路，正中一路有重华宫，"犹乾清宫之制"；西路有宜春等宫，东路有洪庆宫，是"供番佛之所也"；再东，是内承运库；再东，才是崇质宫，"俗云黑瓦殿是也"。

景泰八年（1457），趁朱祁钰生病，石亨、张轨、徐有贞和太监曹吉祥等人于凌晨四更时分带兵来到崇质宫外，拆毁围墙，抬出了朱祁镇，闯进东华门，把朱祁镇重新扶上了皇位。史称"夺门之变"。为何叫"夺门"？当时把守东华门的士兵不让进，朱祁镇说："我是太上皇！"士兵一听，吓跑了。朱祁镇等人这才进了奉天殿。大臣们来上早朝，徐有贞道："太上皇复位了，赶快去祝贺！"

复辟之后的朱祁镇，处死了于谦等景泰年间的大臣，治了一些对他不好的官员的罪，包括光禄寺的那些官员。曾经给他酒饭的张泽被提拔为光禄寺卿。当然，他不会忘记禁锢了他六七年之久的崇质宫，下令大加扩建："增置各殿为离宫者五，大门西向，中门及殿南向，每宫殿后一小池跨以桥。池之前后为石坛者四，植以栝松。最后一殿供佛甚奇古。左右回廊与后殿相接。盖仿大内式为之。"（据《涌幢小品》）东苑，从此才成为紫禁城之外的小南城。

据《明英宗实录》载："天顺三年（1459）十一月工成，杂植四方所贡奇花异木于其中。每春暖花开，命中贵陪内阁儒臣赏宴。"（转引自《日下旧闻考》卷四十《皇城》）可见当时的小南城，景致已经可以和西苑媲美了。

第三位主人多尔衮

又过了风雨飘摇的一百八十余年，朱明王朝的大厦终于倒塌。小南城迎来了他的第三位主人——清朝睿亲王多尔衮。

多尔衮是努尔哈赤第十四子，因勇猛善战，被他的哥哥皇太极誉为"墨尔根戴青"，意思是"有聪明智慧的人"，初封贝勒，后晋封为和硕睿亲王。皇太极去世后，他和郑亲王济尔哈朗一道，共同辅佐他的侄子——皇太极六岁的儿子福临登上了皇位。

明崇祯十七年（1644），李自成攻破北京，朱由检吊死煤山，吴三桂为清军打开了山海关大门。三十二岁的多尔衮统领十万清兵入

普度寺内睿亲王多尔衮塑像

关，赶走了李自成的农民军，进驻了紫禁城的武英殿，然后派人将小皇帝福临接进了紫禁城。清朝的一统天下由此拉开帷幕。

不知为什么，多尔衮没有继续留在紫禁城内，而是在小南城为自己营造了府邸。由于当年明英宗的扩建，此时的小南城已经有"宫殿楼阁十余所"，有苍龙门、丹凤门、龙德殿。殿北有白石桥，"雕水族于其上，南北有飞虹、戴鳌二牌坊，东西有天光、云影二亭。又北叠石为山曰秀岩，山上有圆殿曰乾运。其东西二亭曰凌云、御风。山后为佳丽门，又后为圆亭，引水绕之，曰环碧"，仅次于紫禁城。在这个环境中营造的睿亲王府，已经与大内宫阙相差无几了。这一时期，朝中圣旨政令全部出自多尔衮，皇帝的调兵信符及赏功册也常驻睿亲王府。小南城前，终日车水马龙，是当时事实上的政治中心；多尔衮，已成为大清朝实际的统治者。

顺治元年（1644），小皇帝福临尊多尔衮为"叔父摄政王"；二年（1645），晋为"皇叔父摄政王"；顺治五年（1648），尊其为"皇父摄政王"。以至于满朝上下，几乎只知有睿亲王，不知还有个小皇帝。

多尔衮排挤掉了郑亲王济尔哈朗，在朝中一手遮天，独揽了军政大权。他将功劳卓著的豪格陷害致死，将豪格的妻子纳为妃——豪格是皇太极的儿子、福临的哥哥，豪格妻子是他多尔衮的侄媳妇。一些野史里还有一种说法，说孝庄太后下嫁给了睿亲王。史学界认为正式"下嫁"不大可能，但是孝庄太后为了巩固福临的帝位，向专横跋扈的多尔衮忍辱妥协，被其霸占则是很有可能的。

睿亲王府改寺庙

顺治七年（1650）十二月，三十九岁的多尔衮病死于喀喇城。

顺治八年（1651）正月，多尔衮灵柩运回京城。福临追尊其为"成宗义皇帝"，诏将其灵位祔于太庙之内，享受祭祀。而一个月之后，福临就下令追论多尔衮的罪行。有人揭发多尔衮私制御用服饰，阴谋篡逆。于是，年已十四岁的福临宣布：多尔衮犯有谋逆大罪，罢追封、撤享庙、停其恩赦，毁其陵墓，焚骨扬灰，并且诛其子孙，抄没家产。昔日门庭若市的睿亲王府被查封，多尔衮在朝中的党羽也被清除。朝廷的大权，从此由小南城回到了紫禁城中顺治皇帝的手里。

康熙三十三年（1694），旧睿亲王府被改建成玛哈噶喇庙。玛哈噶喇意为"大黑天神"，是藏传佛教中的护法神，满族人奉其为战神。其形象为卷须、面呈愤怒之态，鼓腹，短腿，周身挂骷髅，脚下踏一魔女，狰狞可怖。

乾隆二十年（1755）重修扩建玛哈噶喇庙；乾隆四十一年（1776），乾隆皇帝将该庙赐名为普度寺。

生前不可一世且被称为"有聪明智慧之人"的多尔衮，怎么也不会想到身后会是这样一个下场！平心而论，说他专横跋扈是有的，但说他心存谋逆、想取小皇帝而代之，可能是冤枉他了。因为他若真想当皇帝，不是没有机会的：明崇祯十七年（1644）带兵入关赶走了李自成，他已经坐在紫禁城中了，想当皇帝还不是一句话的事？但他没有，接福临进关，自己搬到小南城，把紫禁城让给了小皇帝。又一次，他以"避痘"为名，带福临"远幸边外"，福临身边侍卫不及百人，"时经长夏，势甚孤危"。其时，多尔衮要想下手弑帝，易如反掌。（此事见《清实录》）再说，他都被小皇帝尊为"皇父"了，这跟事实上的皇帝还有多大区别？当然，如果他不是中年夭折而是多活几年的话，会不会谋逆就不好说了。

站在清朝统治者的角度来看，多尔衮为大清扫平天下入主中原，还是功不可没的。顺治皇帝治他的"谋逆"大罪，更主要的是为了清洗他在朝中的势力、消除他的政治影响，从而树立自己的皇帝权威。

乾隆四十三年（1778），诏令为多尔衮平反，恢复其封号，令多尔博六世孙淳颖承袭了多尔衮的爵位，并在石大人胡同给他另立了王府。多尔博是努尔哈赤第十五子、豫亲王多铎的儿子，曾被多尔衮收为义子，多尔衮死后返回本宗。

民国年间，普度寺改为小学校。

1984 年 5 月，普度寺大殿被列为北京市文物保护单位。

2001 年，寺内的小学校搬走、居民迁出。北京市政府对普度寺做了一次大规模修缮整治和绿化美化，使之成为中轴线东侧一处旅游胜地。

贤良寺：《辛丑条约》含国耻

　　贤良寺，如今只能在一些文献中看到它的名字了。明代，贤良寺所在地是著名的十王府。清雍正年间，这里是怡亲王胤祥的府邸。胤祥死后，按照他生前遗愿，于雍正十二年（1734）改府为寺，雍正帝赐名为"贤良寺"。

　　从绘于乾隆年间的地图上看，贤良寺西临今天的王府井大街，东至校尉胡同，北到金鱼胡同，南至帅府园胡同，包括了后来的中央美术学院等一大片地方。

　　乾隆二十年（1755），贤良寺迁建于冰渣胡同（今名冰盏胡同）路北。由于地近东华门，外省重臣进京，都喜欢住在贤良寺，图的是上朝方便。

　　民国时期，贤良寺对游人开放。寺院地势宽敞，古柏参天，老槐荫地，十分幽静，夏日清凉至甚。据1935年出版的《北平旅行指南》

记载，寺中壁画精致生动，"艺术之佳，洵为近代所罕见"。寺中住持多善交际应酬，皇亲贵戚遇有丧事吊祭，常在该寺举办。

新中国成立之初，贤良寺内还有僧众。后来僧众被遣散，部分房屋被作为小学校舍。贤良寺也深处于居民的大杂院之中。1988 年贤良寺所在地区开始改造，旧房拆除，马路拓宽，建起了大饭店。至20 世纪 90 年代，校尉小学改建，贤良寺的大部分建筑被拆除。

贤良寺庆王府成孤岛

如今人们提起贤良寺，常常把它跟李鸿章、跟《辛丑条约》联系起来。

李鸿章自光绪二十一年（1895）签订《马关条约》之后，便被免去直隶总督、北洋大臣的职务，一直闲居于贤良寺。戊戌政变发生后，他被任命为两广总督。

清光绪二十六年（1900）8 月 15 日，八国联军攻入北京。慈禧太后与光绪皇帝逃离北京，去西安避难，两广总督任上的李鸿章被任命为全权大臣，代表清政府与联军谈判。

为什么是李鸿章？不仅因为李鸿章有跟外国人打交道的经验，更主要的原因恐怕是当载漪等人把持朝政，诏命各省焚教堂、杀教民，诸疆臣不知所措时，刚当上两广总督的李鸿章说："此乱命也！粤不奉诏。"于是"各省乃决划保东南之策"，而直隶、山西等省，则成为重灾区。

9 月 8 日，李鸿章到京，住进了贤良寺。

同时担任清廷全权大臣的，还有庆亲王奕劻。他是随两宫出逃，中途得病，早于李鸿章十天返回北京的。当时的北京城里，除了"两个小院落属于清国政府管辖"之外，其他区域都由各国军队分别占领。"两个小院落"，一个是庆亲王府，还有一个就是贤良寺。

李鸿章到京后，便逐个去拜见各国公使。9 月 24 日，李鸿章和奕劻一起去见了瓦德西。瓦德西表示，愿与李鸿章经常会见。

和联军的谈判不仅十分艰难，而且备受其辱。陈夔龙后来写道："辛丑和约，肇于庚子之乱。条款之酷，赔偿之巨，为亘古未有。当时主议者几为众矢之的。旁观不谅，责备之严，诚不足怪，庸讵知当局之负诟忍尤，艰难应付，有非楮墨所能罄者。"——当事人所承受的压力、侮辱，谈判之艰难，非笔墨所能书写。

12 月 24 日，各国公使在西班牙使馆与中国代表举行第一次会谈。西班牙公使葛罗干的照会说，因为使馆"廨宇狭隘"，要求中方参会者以十人为限。李鸿章因病在贤良寺寓所休息，奕劻带人出席。

这次会谈，葛罗干会同各国使馆拿出了和议草案，共十二款。其中包括巨额赔款、给克林德建牌坊、惩办有关官员等等。葛罗干对奕劻说："这是各国公使与本国军官们苦口婆心、竭力争取才得到的结果。我们也知道这条款很苛刻，但因为错误是你们造成的，没有办法。如果中国政府答应我们的条款，战事即可结束。否则，军官们要带兵进军西安，我们也无法阻止。那时候再想谈判，条件将比这更为苛刻，你们怎么办？"奕劻接过文本，答应电奏西安，然后告辞。奕劻出来后说："今日席间令我难受。我为国受辱，亦复何说！"

庆亲王奕劻

陈夔龙拟写了电文，由李鸿章过目后连夜发给了西安。陈夔龙后来听荣禄说，慈禧看到电奏之后的第一反应是"坚不允行"，她认为赔款数额太大，惩办有罪官员太重，为克林德在京城内建碑有关体制，还有将六部、翰林院划入使馆区，祭祖拜天的堂子也要搬迁，这些条件决不接受！荣禄婉言相劝，说不答应这些条款祸患就不能消弭。慈禧说："我不管了，让皇上看着办吧！"

北京来电催问，荣禄再向慈禧请示。慈禧抱怨道："就知道给我出难题，怎么不跟外国人去力争？"她把电报稿往地下一扔，说："我要不管，皇上也不能管。由着你们办去吧！"荣禄惶恐万状，一个劲磕头。光绪在旁边轻轻说道："你们也不必着急，明儿再说吧。"荣禄知道再拖一天也不会有结果，而北京催问下文的电报又来了。荣禄揣摩慈禧的意思：她知道不答应是不行的，就是"允"字难以出口。第二天，荣禄见慈禧，先说了点别的事，然后故意轻描淡写地说："北京又来电催问圣意了。可否由奴才们拟一电稿请您看看？"慈禧想了一下，说："这样也好。"于是荣禄退下，与军机大臣商议后拟了一个回复的电文，交由奏事处转呈给慈禧。很快得旨："知道了。"荣禄如释重负，马上电复北京。

这天是 1900 年 12 月 27 日。

清廷迫不得已诛大臣

第二次会谈是清光绪二十七年（1901）1 月 16 日在英国使馆举

李鸿章和八国公使谈判

行的。李鸿章病愈，和奕劻一起出席。李鸿章和奕劻坐在中央，各国公使环坐周围。

英国公使首先发言，说："今天主要讨论惩办祸首一事，这儿有一个名单。但是我认为，罪魁就是端王一人。只要能把端王从严处置，其余都可以不论。不知二位以为如何？"

说端王载漪是罪魁并不过分，指使义和团围攻使馆、教堂，主张杀尽外国使臣的就是他。他为何如此仇洋？因为各国公使反对废黜光绪，因此他的儿子溥儁也就无法当上皇帝。

奕劻说："端王系皇室懿亲，万难重办。各国都有议亲议贵的惯例，此事断不可行。"

英使笑了："我也知道不可行。那么，就重办这些人吧！"接着就开始念手中的名单及所开列的罪行，共数十人。其中有庄王载勋、端王载漪、辅国公载澜、右翼总兵英年，以及军机大臣赵舒翘、山西巡抚毓贤、礼部尚书启秀、刑部左侍郎徐承煜。

李鸿章说："名单里的人有的是有责任，但罪不至死；有的并无仇洋行动，不应定罪。"各国公使听了并无异议。李鸿章又说："事前讨论的名单中，没有徐承煜和启秀两位呀，怎么后来又加上了呢？"

意大利公使说："我前天去贤良寺见你，问你徐承煜这人如何，你说此人不好，监斩许景澄、袁昶的就是他，监斩徐用仪的也是他。他还逼着自己的父亲上吊。这样的人贵国政府不办，各国公使也要办他。至于启秀，日本公使已经掌握了他的罪证。"

庚子之乱后处决人犯

李鸿章说："我当时不过是随便一说，你怎么可以当成证据呢！"

庆亲王奕劻用其他话打乱了两人的争论。天色已晚，会议并没有取得结果。

谁知第二天，各国公使联名送来名单，照会中国必须按开列的名单治各人的罪，如不答应，瓦德西总司令将发布继续进军的命令。（以上据陈夔龙《梦蕉亭杂记》）

据罗惇曧《庚子国变记》，李鸿章曾当面与瓦德西交涉，希望保全其中某些人的性命。瓦德西说："这些人实际上都是从犯，贵国如果不答应，我们将追究主犯。"

清政府没有办法，只得照办。端王载漪流放新疆，载勋、赵舒翘、英年被赐自尽，载澜发往新疆，永远监禁，毓贤在兰州被正法，徐承煜、启秀在菜市口刑场被斩首。

陈夔龙说："罚如其罪者固多，而含冤任咎、舍身报国者不得谓无其人。"其中有些人是罪有应得，也有大臣是不无冤枉的。

两宫回銮李鸿章命尽

经过长达九个月的争执、讨价还价之后，光绪二十七年（1901），李鸿章、奕劻与各国签订了令中国人无比屈辱的《辛丑条约》，共十二款，附件十九件。条约内容包括：中国须支付赔款四亿五千万两白银，分三十九年还清，年息四厘，本息折合共九亿八千多万两；将东交民巷划为使馆界，界内由各国驻兵管理，中国人不准居住；拆毁大沽炮台及有碍京师至海通道之各炮台，外国军队驻扎在北京和从北京到山海关沿线的十二个重要地区……

据清人《西巡回銮始末记》，李鸿章听到赔款数额巨大之后，说："中国急切何能筹到这么多钱？"英国公使说："让各国共同管理你们的税收，这些钱可以筹集得到。"李鸿章说："这样的话，中国就没有自主权了。"英使说："事已至此，中国还想要主权吗？！"李鸿章哑口无言。

罗惇曧《庚子国变记》中说："鸿章与各国磋议，已历数月，心力交瘁……李鸿章积劳病深不起。"

1901年10月，慈禧和光绪离开西安返京。11月走到开封停住了，说是给太后过完生日再走，电召奕劻去给慈禧祝寿。其实是慈禧不知北京到底什么情况，不敢贸然回来。

去还是不去？奕劻有些犹豫，就让陈夔龙去征求病榻上李鸿章的意见。李鸿章说："不去是不行的。庆王不去，两宫不敢回京。让庆王放心去吧。翻译条约的事有我呢。"奕劻这才决定赴汴。奕劻动身那天，各官在车站送行，正要上车，有人来报：李中堂三更时呕血盈碗，神志昏迷。奕劻吃了一惊，火车开行有时，不能久留，嘱咐了留京人员几句，匆匆上车。奕劻刚到开封即传来消息：李中堂在家中去世了！

清光绪二十一年（1895）4月，李鸿章因甲午战败，赴日本签署《马关条约》，在日本下关，被一日本浪人一枪击中面部，血染袍襟。

1901年11月7日，为庚子事变与外人签署《辛丑条约》，李鸿章力竭身死，享年七十八岁。

法华寺：政变风云由此起

清光绪二十四年（1898）6月11日，清朝光绪皇帝采纳康有为、梁启超等人的变法主张，下诏定国是：废除科举，裁冗员，修铁路，开矿藏，改官制，办学校……有些已经开始实施。

9月21日，慈禧突然从颐和园回到京城，囚禁了光绪皇帝，逮捕杀害了谭嗣同等六君子，康、梁流亡海外。变法宣告失败，史称"百日维新"和"戊戌政变"。在这场大变动中，有一座寺庙进入了人们的视野，它就是法华寺。

谭嗣同夜访法华寺

谭嗣同法华寺访问袁世凯的事，梁启超《戊戌政变记》《谭嗣同传》中皆有所记：

八月初一日，光绪皇帝召见了袁世凯，提拔他当了侍郎——此前他是直隶按察使，负责在天津小站训练新军。八月初三日又一次召见他。初三日晚，谭嗣同到法华寺造访下榻在这里的袁世凯。

八月初三日，即 1898 年 9 月 18 日。

袁世凯事后在报纸上发表的《戊戌日记》中，讲述了前后经过：七月二十九日奉诏进京，住在了法华寺，第二天一早派人去海淀找住处，"午后至裕盛轩，遂宿焉"；八月初一日早上进颐和园玉澜堂见光绪皇帝，被破格擢为侍郎。初二日去向光绪皇帝谢恩。光绪笑着对他说："人人都说你练的兵、办的学堂甚好，此后可与荣禄各办各事……"

据袁世凯自己说，无功被升迁，很令他不安。

袁世凯被召进京并升迁的背后原因是：光绪采纳了维新党人的建议，为争取袁世凯支持变法，予以破格提拔，并且暗示他以后可以不听荣禄调遣。荣禄，是慈禧太后的亲信，袁世凯的顶头上司，时任直隶总督。

召见结束时下着大雨，袁世凯到中午才回法华寺休息。初三日，他去贤良寺见李鸿章，下午去见庆亲王，晚上回到法华寺。门人说"军机谭大人来见"，拿过名片一瞧，来者是谭嗣同。此前两人并不相识，但是袁世凯知道谭嗣同是维新党人、皇帝近臣，赶快迎接。一见面，谭嗣同便向袁世凯祝贺——这表明他知道袁世凯被提拔的事。

至于两人见面之后谈了些什么、怎么谈的，谭嗣同为何而来，袁世凯怎么答复的，说法不一。按梁启超所说大致是这样——

谭嗣同问："您觉得皇上怎么样？"

谭嗣同像

袁世凯答："旷代之圣主也！"

谭嗣同问："天津阅兵之阴谋，君知之乎？"所谓天津阅兵的阴谋，是说慈禧、荣禄等要利用九月天津阅兵的机会，谋害光绪皇帝。这很可能是维新党人制造的政治谣言。

袁世凯答："然，固有所闻。"

于是谭嗣同拿出皇帝密诏，对袁世凯说："今日可以救我圣主者，惟在足下。足下欲救则救之，苟不欲救，"谭嗣同摸着自己的脖子说，"请至颐和园首仆。而杀仆，可以得富贵也。"可以去颐和园告发我，杀了我，你可以升官发财！

袁世凯说："您把我当成什么人了！您说吧，要我做什么……"

下面的谈话一直围绕着天津阅兵，如果阅兵时发生事变，谭嗣同要袁世凯杀死荣禄、保护光绪皇帝。袁世凯说："若皇上在仆营，则诛荣禄如杀一狗耳。"两人又商定了一些细节，一直谈到三更半夜。在梁启超的这篇《戊戌政变记》里，只字未提要袁世凯带兵进京包围颐和园的事。只说："至初五日袁复召见，闻亦奉有密诏云。至初六日（政）变遂发。"

袁世凯有不同说法

法华寺谭袁交谈的内容，袁世凯的说法跟梁启超完全不一样。按照袁世凯《戊戌日记》的说法是：见面寒暄之后，袁世凯屏去仆从，两人进内室交谈。谭嗣同先说了一番恭维的话，接着说：你袁世凯这次被破格提升，是康有为和我费了好大劲极力保荐的，而荣禄一直是压制你的。然后说：皇上如此提拔你，你应当知恩图报，现在皇上有大难，非你不能解救。

袁世凯一听吓坏了，说：袁某世受国恩，本当力图报效，何况本人又受无功之赏，敢不肝脑涂地！不知道皇上有什么大难呀？

谭嗣同说：荣禄要杀害皇上。

袁世凯说：这是谣言，不可信。我觉得荣禄没有这个意思。

谭嗣同说："公磊落人物，不知此人极其狡诈。"谭嗣同拿出一个奏折底稿来，上写："荣某废立弑君，大逆不道，若不速除，上位不能保，即性命亦不能保。袁世凯初五请训，请面付朱谕一道，令其带本部兵赴津，见荣某，出朱谕宣读，立即正法。即以袁某代为直督，……即封禁电局铁路，迅速载袁某部兵入京，派一半围颐和园，一半守宫，人事可定，如不听臣策，即死在上前。"

就是说，谭嗣同要光绪皇帝必须照这个方案办，否则就死在皇帝面前。

袁世凯说他看了这些话"魂飞天外"，问道："围颐和园欲何为？"

谭云："不除此老朽，国不能保。此事在我，公不必问。"——你只管带兵把颐和园围住，剩下的事我来做！"但要公以二事：诛荣某围颐和园耳。如不许我，即死在公前。公之性命在我手，我之性命，

袁世凯像

亦在公手，今晚必须定议，我即诣宫请旨办理。"

袁世凯说："这事关系重大，今晚即使杀了我，也决不能定。"

按袁世凯的说法，他讲了一堆难办的理由，然后让谭嗣同先回，自己再考虑考虑。谭嗣同说："上意甚急，我有朱谕在手，必须即刻定准一个办法，方可复命。"朱谕，即皇帝用朱笔写的上谕。而谭嗣同拿出的，却是墨写的，字很工整，也是皇上的口气，大概意思是："朕锐意变法，诸老臣均不顺手，如操之太急，又恐慈圣不悦，饬杨锐、刘光第、林旭、谭嗣同另议良法。"袁世凯不相信这是皇上的手谕，认为这是"挟制捏造"，便开始敷衍搪塞，而谭嗣同再三催促，"几至声色俱厉，腰间衣襟高起，似有凶器"……

当然，袁世凯的这种说法也是一面之词，不能尽信。

据袁世凯自己讲，他打发走了谭嗣同，初五日一早再次去颐和园见光绪皇帝，当天返回天津，晚上便去见荣禄。八月初六日（9月21日）一早，荣禄来找袁世凯，袁世凯"以详细情形备述"。当天晚上，荣禄召袁世凯见面，拿出了以光绪名义发布的"训政之电"——政变已经发生了。

谭君殒命袁某升官

据翰林院侍讲恽毓鼎所纂《崇陵传信录》记载，戊戌年八月初四日黎明，光绪皇帝去慈禧太后在颐和园的住处请安，而太后已经由间道入西直门，回京了。光绪"车驾仓皇而返"。

慈禧太后来到光绪皇帝的大内养心殿，"尽括章疏，携之以去"，怒斥道："我抚养你二十多年，你听小人之言要害我！"

光绪皇帝战栗不发一语，良久才嗫嚅着说："我无此意。"

慈禧太后唾之曰："痴儿，今日无我，明日安有汝乎？"遂传懿旨，以皇帝不能理万机为辞，临朝训政。

八月十四日（9月29日），发布缉拿康有为、梁启超等维新党人的朱谕，称：康有为实为"叛逆之首"，"首倡邪说，惑世诬民"；"乘变法之际，隐行乱法之谋，包藏祸心，潜图不轨，前日竟有纠约乱党谋围颐和园，劫制皇太后、陷害政躬之事……"，命各直省督抚严密查拿、极刑惩治；梁启超"语多狂谬"，一并严拿惩办。（据《梁启超年谱长编》）

所谓"大逆不道"，就是指兵围颐和园。后来，康梁都否认有过这样一个计划。而同是维新党人的王照则言之凿凿，说："围禁慈禧之谋蓄之以久。"这个计划出自康有为。

在法华寺，袁世凯也问到，慈禧和光绪母子之间为何有如此大的矛盾。谭嗣同说："因变法罢去礼部六卿，诸内臣环泣于慈圣之前，纷进谗言危词。怀塔布、立山、杨崇伊等，曾潜往天津，与荣相密谋，故意见更深。"这段话的前一部分是当时的实情。因变法撤掉了一些部门、罢免了一批"冗员"，于是就断了许多人的生计，官员

慈禧画像

人人自危。一些能接近慈禧的官员便去颐和园哭诉。康有为担心慈禧出面阻挠变法，于是产生了这个计划。光绪皇帝召见袁世凯、谭嗣同夜访法华寺，都是实施这个计划的一部分。除了袁世凯之外，康有为还打过聂士成的主意。其实无论是袁世凯还是聂士成，都不可能拿自己的身家性命去和康梁等维新党人一同冒险。

也正是这个计划，激起了慈禧的强烈反应，导致了宫廷政变，光绪皇帝被废、六君子喋血菜市口刑场、百日维新宣告彻底失败。

王照说："戊戌之变，外人或误会为慈禧反对变法。其实慈禧但知权利，绝无政见，（政变）纯为家务之争。"（据《梁启超年谱长编》）

持同样看法的还有清末大臣陈夔龙。他在《梦蕉亭杂记》中说：其实慈禧并不仇视新法，"徒以利害切身，一闻警告，即刻由淀园还京"——因为危及她本人的安全了，所以她一听到消息立刻回到北京（发动了政变）。

关于袁世凯告密一事的真相，至今是一谜案：他究竟告密了没有？什么时间、什么地点、向谁告密的？但一个无可争辩、不容置疑的事实是：谭嗣同等六君子殒命，而袁世凯却得到了升迁。他先是擢为工部侍郎，一年后升任山东巡抚，后来又荣升为兵部尚书，再后来……

法华寺，不仅是袁世凯个人腾达的起点，也是中国近代一段历史的起点。

法华寺遗址今何在

北京城内外不止一座法华寺。袁世凯下榻的法华寺，位于距东安门不远的豹房胡同（民国时改为报房胡同）西口，西边是王府井大街，东边是东四南大街，南边是灯市口，闹中取静，往来方便。这里离前门火车站、离李鸿章下榻的贤良寺和几个想要拜望的王府也都不太远。

据民国年间《北京寺庙历史资料》记载，报房胡同44号的法华寺，占地约九亩，有房屋一百八十四间。据《顺天府志》记载，此寺为景泰年间太监刘迪舍宅所建的，而据现存碑文拓片，则是明朝正统年间太监刘通与其弟刘顺捐己宅而肇建的。大雄宝殿外"穹碑二：皆明成化七年（1471）所立"。

据学界考证，刘通、刘顺兄弟是女真族，自幼在燕王府当宦官，刘姓为朱棣所赐，因跟随朱棣出征有功被授予直殿监太监。豹房胡同的一百八十四间房屋原是他们兄弟的住宅，大概因为后继无人，所以才捐为寺庙的。

刘氏兄弟生前财富一定积攒了不少，除了庙里的房产之外，还有在石佛营和亮马桥的近一百四十亩土地，作为寺庙的塔院、祭田之用。财力雄厚的法华寺，清代为东城诸刹之首。

清乾隆年间，该寺中有个法和尚，势甚薰赫，富逾王侯，在寺内设赌局、引诱富室子弟聚赌，还私蓄女伎，日夜淫纵。因所结交皆王公贵客，无人敢管。军机大臣阿里衮看不下去了，带领家人阴夜翻墙进入法华寺，将法和尚擒获，"尽获其不法诸状"。为防止有人来说情掣肘，阿里衮立即召集诸寺僧寮，将法和尚当众乱棍打死，一时间人人称快，市井间有人将此事画图售卖了很长时间。

咸丰年间英法联军入侵北京，文宗跑到热河，王大臣在法华寺设立巡防处，瑞昌、文祥、宝鋆等在此留京办事。"和议既定，诸大人于此延见洋人，是为京师交涉之始。"如此说来，法华寺在外交史上还要写上一笔呢。

法华寺遗址现在还能找到：从王府井大街一直往北，过了北京人民艺术剧院，路东就是报房胡同。往胡同里走不到百步，路北的一个有楼房的院子里还能看到乾隆四十三年（1778）仲秋所立的"法华寺德悟和尚行实碑"，碑文尚属清晰。

嵩祝寺：驻锡两代章嘉活佛

嵩祝寺，位于玉河西岸的景山后街之东，东有法渊寺，西有智珠寺。明代，这里是番经厂、汉经厂和道经厂。据《宸垣识略》记载："嵩祝寺在三眼井之东，有御书额，为章嘉呼图克图焚修之所。"

嵩祝寺前身番经厂

《宸垣识略》中的这段记载，把嵩祝寺的前身说清楚了："法渊寺在嵩祝寺东，有铜鼎一，高六尺有咫，有御制碑文。考按：嵩祝寺东廊下有铜钟一，铸'番经厂'字；西廊下有铜云板一，铸'汉经厂'字；法渊寺有明张居正撰番经厂碑。据此，则三寺为明番汉经厂。"就是说，嵩祝寺的前身，是法渊寺、番经厂和汉经厂三寺。

番经厂、汉经厂是做什么的？有的材料介绍说是明朝宫廷里印制

嵩祝寺山门

佛经的机构。此说不尽然，那岂不是印刷厂吗？番经厂、汉经厂是组织宦官学习念经的地方。

番经，就是喇嘛念的经，藏语。张居正《番经厂记》中说："番经来自乌思藏。"乌思藏是元代在西藏设的区域，乌思是前藏；藏，是后藏。据张居正的碑文载，明永乐年间，就已把喇嘛教引入内地，"取其经缮写以传"，可见番经厂是明初建立的。到隆庆年间，番经厂"岁久亦渐圮矣"，穆宗时出帑金命司礼监修缮。万历初年，在李太后的催促之下番经厂竣工。

既然是宦官，为什么要学习念经呢？明朝时，每到元旦、皇帝生日的万寿节，宫中都要在英华殿做佛会法事，要有僧人诵经。这要是请宫廷外头的僧人来，少了，不够气派；多了，太麻烦，而且也不好管理，还不能白请不是？因为这佛会短则一天，长则三昼夜。皇帝家的事，能不求人就不求人，于是就让一部分宦官学习念经做法事。到时候，这些宦官扮成和尚、喇嘛，其中一人扮作韦驮，"抱杵北面立"，其余有的穿袈裟，有的披红袍，有的鸣锣击鼓，有的吹奏法器，有的诵念经文。念到半夜，"五方设佛会"，竖立起五色伞，数十人鱼贯穿行其间，像是当代的队列表演。"有所谓九连环者"，速度越来越快，到九个来回时发生变化，"体迅若飞鸟"，看得人眼花缭乱。到天启以后，这个节目的表演者就换成宫女了。

不做佛会法事的时候，这些人还是宦官打扮，也不剃头。说了归齐，番经厂、汉经厂就是养假喇嘛、假和尚、假老道的地方。（据《芜史》《日下旧闻考·皇城》）

毛奇龄《武宗外纪》中说，正德年间，番经厂里确实有来自西藏的番僧，连明武宗都学会了念"番经"："上（皇帝）诵习番经，心皈其教，尝被番僧服，演法内厂。"武宗皇帝不仅学会了念番经，有时候还披上喇嘛的袍子，让来自西藏的番僧和近侍装扮成小和尚，一起在番经厂里做法事。如果有宦官和宫女愿意，也可以真出家。"西宫大答应宫人，有愿祝发为尼者，上（武宗皇帝）作剃度师，亲为说法，置番经厂中。"

胤禛出资扩建法渊寺

康熙五十一年（1712），还在藩邸为雍亲王的胤禛出资扩建法渊寺，将三个经厂与法渊寺连成一体，扩建之后，奏请康熙皇帝命名为嵩祝寺。嵩祝，意思是"祈祝皇帝万寿无疆"。

建成之后的嵩祝寺坐北朝南，建筑分为三路。主要殿宇集中在中路，为五层。东路为寮房、配房、佛堂、经堂等，西路主要为喇嘛住所。

胤禛出资建嵩祝寺，是为了给章嘉呼图克图住。章嘉，原作"张家"，因为生父姓张。康熙皇帝以为"张家"称呼不雅，命改作"章嘉"。这位章嘉名叫阿旺洛桑却丹，是第二代转世活佛。

章嘉呼图克图是西藏佛教格鲁派（黄教）四大活佛之一。另外三位活佛即达赖喇嘛、班禅和哲布尊丹巴。四位活佛都有自己的活动范围。前藏和后藏是班禅和达赖，外蒙古是哲布尊丹巴。章嘉是内蒙古地区的黄教首领。早在清朝入关之前，皇太极就已经和黄教上层建立了联系。清朝入关以后，从顺治到康熙，与黄教的联系愈加密切。

章嘉·阿旺洛桑却丹精通梵、藏、蒙古、满语言和文字，在清廷供职二十余年，帮助康熙皇帝安定蒙古各部，联系前藏、后藏，被康熙帝封为"灌顶普善广慈大国师"，住持内蒙古多伦汇宗寺，掌管内蒙古地区佛教事务。

康熙三十三年（1694），章嘉·阿旺洛桑却丹奉皇帝诏来到北京，任驻京扎萨克达（总管）喇嘛，驻锡法渊寺。自此常住北京，出入内廷，与诸皇子密切来往，尤其与皇四子雍亲王胤禛即后来的雍正皇帝投缘，经常出入雍王府，与胤禛"时接茶话者十余载"。胤禛登极后在自己编的《御制语录》中说："章嘉呼图克图实为朕证明恩师也。"不知道从章嘉·阿旺洛桑却丹那里究竟获得了多大教益，使得胤禛慷慨出资扩建嵩祝寺，赠给他居住。

康熙五十二年（1713），章嘉·阿旺洛桑却丹奉旨随康熙帝巡视多伦，五十四年（1715）圆寂于多伦。

章嘉活佛与乾隆皇帝

康熙五十六年（1717），出生在甘肃武威一个牧民家中的若必多吉（又名意希丹贝准美贝桑布），被认定为转世灵童。若必多吉八岁的时候，所在的青海佑宁寺卷入反清暴乱，遭清军血洗，他被僧人带到森林中躲藏。雍正帝发急诏，要清军找到并保护好章嘉活佛的转世灵童。清军找到了若必多吉，把他带回了北京。

雍正帝召见若必多吉时，见他彬彬有礼谈吐不凡，十分喜爱，不仅给了他很多特殊的赏赐，安排他跟高僧喇嘛学习佛法，还让他与皇子弘历（即后来的乾隆皇帝）一同读书。长大以后，若必多吉不仅精通藏文，还学会了汉、蒙古、满等民族的语言文字，对佛学也有很深的造诣。

雍正十二年（1734），照圣祖康熙帝册封前世章嘉活佛之例，清世宗正式封若必多吉为"灌顶普惠广慈大国师"，并赐金册、金印等。

雍正十三年（1735）10月，若必多吉在日喀则从五世班禅受戒时，听到了清世宗去世的消息，匆忙返回北京朝见新继位的清高宗，高宗立封他为掌印喇嘛，驻锡嵩祝寺。

由于多年交往，当了皇帝的弘历对章嘉活佛非常信任倚重，但是这位活佛很有原则，"性直鲠"。嵩祝寺毗邻松公府，住的是一品大员、保和殿大学士傅恒，他在乾隆朝是炙手可热的大红人。章嘉·若

章嘉·若必多吉像

必多吉却"恶其为人，卒不与之往来"。乾隆帝"尝以法司案卷命师判决"，章嘉·若必多吉合掌说："此国家大政，皇上当与大臣讨论，非方外人所敢预（参与）也。"乾隆二十年（1755），喀尔喀蒙古额林沁亲王泄露机密，放走了一个朝廷打算除掉的危险人物，惹皇帝震怒，赐其自缢。按惯例，成吉思汗后代有罪是不被处死的，额林沁家族借此要起兵反清，领头的是额林沁的哥哥哲敦喇嘛。章嘉·若必多吉听说后对乾隆帝说："皇上勿虑，老僧请折简以消逆谋。"他连夜写了一封信，派心腹弟子乘快马日夜兼程送往哲敦处。信中说："国家抚绥外藩，恩为至厚。今额（林沁）自作不轨，故上不得已施之于法，乃视蒙古与内臣无异之故，非以此尽疑外藩有异心也。如云元裔即不宜诛，若宗室犯法又若之何？况吾侪方外之人，久已弃骨肉于膜外，安可妄动嗔相，预人家国事也？"这封信把道理讲透了：额林沁犯了罪，朝廷不得不处罚他；如果说成吉思汗的子孙有罪不能诛，皇亲国戚犯法又该怎么办？再说，咱们出家人早已不再讲骨肉亲情，怎么能因为亲情而妄动嗔相，干预人家国事呢！哲敦本已集合军队不日将起事了，读了这封信，心悦诚服，"其谋乃解"。额林沁于乾隆二十一年（1756）正月被处斩。

昭梿对此赞道：蒙古素以强盛著称，历代以全力抗御也不能令其屈服，章嘉大师以一纸书信"立遏其奸"，亦可嘉也！

若必多吉驻锡嵩祝寺期间，享受着前世章嘉所受的乘坐黄幰马车待遇。每当他的马车出入东华门时，都人士女争相把手帕铺在地上，以被大师的车轮碾轧为幸运有福气。

清高宗对若必多吉数十年如一日，每逢年节、传法、诞辰之日，

五台山镇海寺章嘉活佛舍利塔

　　都要赐给他大量财物。为接待来朝觐的六世班禅，清高宗特别跟章嘉·若必多吉学习了藏语，召见班禅的时候若必多吉担任翻译，和班禅一道被召见宴请。在处理西藏事务上，若必多吉给清高宗提出过不少有益的建议。若必多吉还多次肩负特殊使命到西藏、青海等地，帮助朝廷处理重大事务。

　　乾隆五十一年（1786）三月，清高宗去五台山，命章嘉·若必多吉赶至五台山接驾，君臣一起在五台山文殊菩萨像前举行祈愿法会。清高宗下山回京后，若必多吉染病不起，于四月初二在五台山圆寂。清高宗闻讯大为悲恸，下令用七千两黄金在五台山造大塔一座，安置章嘉·若必多吉遗体。

　　章嘉活佛舍利塔塔今位于五台山镇海寺，外形如藻瓶，高十米，塔基为方形，由石条砌筑。上置汉白玉八角须弥座，须弥座转角各塑一尊金刚力士，八面雕有释迦牟尼的行化事迹。人物周围，雕饰有山水花鸟，极为富丽典雅。

天后宫：京城也有妈祖庙

北京东城区东四牌楼马大人胡同——今天叫育群胡同——曾经有过一座天后宫。

天后亦即天妃，南方称为妈祖。北京地区的妈祖庙被称为天后宫、天妃宫、天妃庙。

妈祖崇拜，本是以中国东南沿海为中心，扩大到东南亚的海神信仰，也是船工、海员、旅客、商人和渔民共同信奉的神祇。妈祖庙如今遍布于东南亚各地，马来西亚、新加坡、泰国、印尼、越南、菲律宾等地有华人的地方，就有妈祖庙。

北京城内建起天妃宫，标志着妈祖崇拜的北上与范围的扩大。

天妃庇佑航行平安

妈祖姓林，有的材料说她叫林默，世居福建莆田的湄洲屿，父亲林愿是五代时的一位军官——闽都巡检。史料说她"生而神异，能知人祸福"。升化之后，"尝衣红衣飞翻海上"，因而被当地父老奉为女神，"相率祠之"。

宋宣和五年（1123），给事中路允迪出使高丽，中途遇大风，九艘船倾覆了八艘，唯有路允迪所乘之船因这位女神"显灵"而无恙。路允迪回国后奏知皇帝，宋徽宗特赐庙号曰"顺济"。女神的身份由此得到了皇帝的认可。此后，这位女神不断显示灵异，封号也不断添加，至南宋景定年间，已拥有"灵惠溥济嘉应善庆妃"之称号。

元代，大都的粮食依赖海运来自江南。海船大，装载粮食多，风险也大。《元史·食货志·海运》说："风涛不测，粮船漂溺者无岁无之"——船覆人亡的事没有一年不发生的。从事海运的人为保平安，只好祈求女神保佑。平安抵达通州的船员，便对女神保佑之功感激不尽，崇拜也愈加虔诚。至元中，忽必烈皇帝以女神"护海运有奇应"而加封，神号增至十个字，为"护国庇民广济福惠明著天妃"。女神从此有了"天妃"的称号，运河及海运港口建起了天后宫、天妃庙，其中离大都最近的天后宫在天津。

天津的天妃宫始建于元泰定三年（1326），后来的朝代又多次重修。现存建筑是典型的明代中晚期木结构建筑风格，与福建湄洲祖庙、台湾北港朝天宫并称"中国三大天后宫"，也是元代官方致祭的天妃宫之一。

明洪武五年（1372）正月，朱元璋敕封天妃为"昭孝纯正孚济感应圣妃"，标志着天妃的"神仙资格"也得到了明朝皇帝的认可。

明永乐七年（1409），朱棣在南京仪凤门（今兴中门）外长江之滨、狮子山麓敕建了一座天妃宫，赐额曰"弘仁普济天妃之宫"，并加封天妃为"护国庇民妙灵昭应弘仁普济天妃"，委派南京太常寺卿于每年的正月十五日、三月二十三日天妃诞辰进行官祭。

江南的船工频繁往来北京，也将天妃崇拜带到了北方。北京城跟前第一座天妃庙便坐落在通惠河畔的大通桥之西。《五城坊巷胡同集》记载："出朝阳关沿河往南……有天妃宫。"如今它的具体位置已不可考，大约在建国门立交桥南。当代学者赵洛认为，北京这座天妃庙始建于元泰定年间，和天津的那座天妃宫是同时建的。明景泰末年，道

天津海河畔始建于元代的天妃宫

士邱然源以南京的天妃宫为例，请求朝廷将大通桥西的"天妃庙"改称为"天妃宫"。此请得到了朝廷的应允。成化庚子年（1480），邱然源"募材鸠工"将天妃宫"拓大而一新之"。据《日下旧闻考》中大臣们说，清乾隆年间，这座天妃宫尚存。

　　沿运河北上的天妃庙不止这一座。据《顺天府志》记载，通州有两座天妃宫。一座位于城内东北隅，在贡院北边，隔城就是运河石坝楼，民国初年在贡院旧址建小学时拆除，现在只留下一个天后宫的地名。另一座在北门外，始建时名天妃宫，清代时更名为天后宫。通州区张家湾镇里二泗村西的佑民观，也是一座天妃庙。当年庙观之前就是大运河。据《日下旧闻考》记载："里二泗近张家湾，有佑

位于通州区张家湾镇里二泗村西的佑民观

民观，中建玉皇阁醮坛，塑河神像。嘉靖十四年（1535），道士周从善乞宫观名，赐今额，名其阁曰锡禧。万历十年（1582），灵璧侯汤世龙复新之。"

位于北京前门外的汀州会馆里，还有一座天后宫，雕刻精致。汀州位于福建西部。这座天妃宫无疑是来京的福建人建的。

福康安恭建天后宫

东四牌楼马大人胡同里的天后宫，是清朝将领福康安建的。

福康安（1754—1796），字瑶林，号敬斋，富察氏，满洲镶黄旗人，大学士傅恒的第三子。傅恒是乾隆皇帝的小舅子，孝贤纯皇后是傅恒的姐姐。所以，福康安管乾隆皇帝叫姑父。《清史稿》说福康安"起戚里，然亦自知兵"——虽然是皇亲贵戚，却很会打仗，所以乾隆皇帝很喜欢，也很信任福康安，屡次委以重任。

乾隆三十六年（1771）四川大金川土司索诺木作乱，清朝出兵征剿。福康安"初以领队大臣随征金川，攻克得楞山"，以功被赏"嘉勇巴图鲁"称号。索诺木就擒，金川平定，班师回京，乾隆皇帝亲到良乡迎接，"行郊劳礼"，赐福康安御用鞍辔马一匹，封三等嘉勇男爵，图形悬挂紫光阁，皇帝亲制赞。甘肃少数民族造反，福康安以参赞大臣前往平定，擒获造反首领，他因此晋封为嘉勇侯。

乾隆五十一年（1786），福康安任吏部尚书兼协办大学士。就在这一年，台湾林爽文率众起义，攻克彰化，围打嘉义，清军处境危急。皇帝以福康安为将军,"驰驿往剿",带兵入台,解了嘉义之围,"三月之内,扫荡无遗",并且俘获了林爽文,台湾平定。捷报传来,乾隆大喜,封福康安为一等嘉义公,赐宝石顶、四团龙服。福康安将林爽文押至北京献俘阙下,乾隆赐其金黄带、珊瑚朝珠、金黄辫、紫缰等,图形再上紫光阁,并命于台湾郡城及嘉义县,为福康安建生祠。

此后,福康安还率军抗击了廓尔喀入侵、平定了苗疆起事等多次危机事件,参与制定了《钦定藏内善后章程》和金瓶掣签制度,对国家统一、民族团结发挥了重要作用。1796年他被乾隆帝赐封为贝子,同年5月去世,追封嘉勇郡王,谥号文襄。

福康安离开台湾前,在彰化和台南倡议修建了天后宫。在给朝廷的奏折中,福康安多次讲述天后神力相助的功绩。乾隆五十三年(1788),福康安就在距他东四二条府邸不远处的马大人胡同修建了天后宫,以报答海神娘娘的恩德。

福康安在《天后宫碑记》中说:"予惟台湾隔巨海,且地狭而长,贼势蔓结,似不有免望洋之虑。乃神风飞渡迅助成功,异鸟灵灯威光显应。是皆圣主之诚谋格天,天后之法慈济世,用能扫除蟊特,福被苍黎,予何力之有焉。"其大意是说:我考虑到大陆与台湾隔着大海,台湾又地形狭长、敌人势力猖獗,能不能取胜并无把握。没想到,渡海很顺利,途中虽然遇到过险情,所幸有"异鸟灵灯威光显应",遂使我军平安渡海并取得了胜利。这都是皇帝的诚心感动了上天,天后娘娘施法力帮助,所以才能扫灭"蟊贼"、造福百姓,哪是我力所能及的呀!

清官员从此拜天妃

福康安对天妃的感激是由衷的。由于他的反复陈述，以至于乾隆皇帝也相信了天妃的神力，亲笔题写了匾额送往沿海天后宫悬挂。于是，满族贵胄和朝廷官员也开始对天妃娘娘顶礼膜拜了，而且越来越虔诚。

清嘉庆五年（1800），内阁中书舍人李鼎元奉旨出使琉球，临行前，前往马大人胡同的天后宫进香。李鼎元是乾隆四十三年（1778）进士，改翰林院庶吉士，后升宗人府主事。嘉庆四年（1799）册封琉球副使出使琉球，回国后升兵部主事。

李鼎元在他的《使琉球记》中，是这样介绍天妃之灵验的。当年福康安押解林爽文返航时，快要靠岸了，风停了。水手下碇等风，福康安命令起碇，违命者斩。舟人只好起碇，不料船行不远就触礁了。船上的人万分惊恐，都说这回完了，一定没命了。就在这时，"忽见红灯自远处飞来触舟，舟旋，瞥眼间已入厦门口"。然而这个神奇生动的细节，并不见于福康安本人撰写的碑文中。

《使琉球记》中的记述还有神奇的呢。李鼎元写道，上香之后他环视天后宫，不由得心里一动，暗想道：福康安欠考虑呀。天后宫正殿塑天后像，后殿祀三官，西侧殿祀关帝，怎么没有天后父母的塑像呢？天后就是因为孝才成为神的呀！要是因为天后父母没有得到封号，可以奏请皇上加封的呀！福康安怎么没有想到这一层呢？这次出使，如若得到天后保佑让我平安回来，我一定吁请圣上褒封，崇祀天后父母于后殿。

《使琉球记》中写道，当他们乘坐的船行到钓鱼岛附近海域时，

现今的天后宫主体建筑

忽遇狂风暴雨，顶头风刮得船无法控制，"舵无主，舟转侧，甚危！水井漏，淡水竭"。水手说：不行就掉转船头回去吧。李鼎元赶忙点起藏香，拉着同行者一起跪祷天后："使者闻命，有进无退。家贫亲老，志在藏事速归。神能转风，当吁请皇上加封神祇父母……"祈祷之后不到半刻，只听一声霹雳，风雨顿止。又过了一会儿，风向转为顺风，而且还很大。船上的人无不举手加额，"共叹神力感应如响"。

《使琉球记》中还有几次因祈祷天后而转危为安的经历。后话不用说。李鼎元肯定是不负使命安全回京，否则我们就看不见他这篇《使琉球记》了。至于他有没有履行诺言、吁请加封天妃父母，后文没有说。

天后宫遗址位于东城区育群胡同 17 号和 19 号，旧址是马大人胡同 10 号和 11 号。当年的天后宫坐北朝南，大门三间，五檩进深，后出廊。主殿正房三间、进深七檩供奉天后，后殿供奉三官神像，西殿供奉关帝。福康安后人谨遵祖训，每岁致祭。

智化寺：明代古刹藏珍宝

　　北京中轴线以东，国际饭店以北的小巷深处有一座古刹：智化寺。智化，意思是以佛所特有的智慧度化众生。智化寺之名表明了这是一家佛教寺庙。

　　由于年深日久，智化寺单檐歇山黑琉璃筒瓦顶的山门已严重下沉，山门外的路面已经高出了门槛。这倒更让人容易看清门额上汉白玉匾的五个楷书大字："敕赐智化寺"。两侧还有小字数行，东侧是"正统九年正月初九奉旨敕建"，西侧是"万历五年三月三日……重修"。"敕赐"，即皇帝御赐的寺名；正统，是明英宗朱祁镇的年号。正统九年，即公元 1444 年，至今已经五百多年了。

智化寺山门

寺内明代建筑称精品

　　智化寺原有东、中、西三路院落，每院都有一门，并排为三。现在东西两门已不存，仅存中间一智化门。门前两侧各有一通石碑，一为"敕赐智化禅寺之记"，一为"敕赐智化禅寺报恩之碑"。钟楼和鼓楼分立两边。钟楼内原有一口铸造于正统九年（1444）的铜钟，高近五尺，径三尺有余，上为交龙钮。钟身铸有"皇图永固，帝道遐昌，佛日增辉，法轮常转"等汉字，还有二十余种梵文经咒。这口铜钟铭文繁多、铸造工艺精美。

　　智化门实际上是座面阔三间、进深两间的殿。内原设佛座，前供弥勒，后奉韦驮，前面是两位金刚，俗称"哼哈二将"；两侧是四大天王，俗谓"风调雨顺"。这些塑像都已不存。

　　穿过智化门向北，迎面即智化寺的大雄宝殿——智化殿（下图）。大殿面阔五丈四，进深四丈三，单檐歇山黑琉璃筒瓦顶，重昂五踩斗拱，五抹菱花隔扇。殿内正中和两山原有汉白玉须弥座，供木质漆金释迦牟尼佛、阿弥陀佛、药师佛和十八罗汉坐像。后来，三世佛像和十八罗汉像被移往别的寺院。

　　智化殿前有东西配殿。西配殿是藏殿，内置转轮藏一具。

　　转轮藏为八角形，高约丈二，下为须弥石座，中间是经柜，上为毗卢帽顶。石座转角处雕有象征大力神的"天龙八部"。经柜角柱上雕有狮、象、四不像和菩萨、天王、韦驮、金刚，顶部雕有大鹏金翅

智化殿

鸟、龙、龙女和毗卢佛。经柜为抽屉式，每层五屉，表面皆刻佛像，内藏经书。转轮藏有能旋转的，信徒推转一匝，等于将内藏经书看读一遍。雍和宫、颐和园各有一座，都是清代的。智化寺这座轮转藏制于明代，是不能旋转的。

藏殿对面是大智殿，原供有观音、文殊、普贤三大士，观音骑

转轮藏

犼，文殊骑狮，普贤骑象，现已无存。

　　智化殿之北是智化寺内最高大的建筑，为上下两层。底层是如来殿，上层是万佛阁。底层面五进三，东西五丈七，南北三丈七八，有长方形月台，台中央一座铁香炉，炉上铭文为"大明万历廿八年孟春吉日造"。

如来殿内景

智化寺明代藻井

如来殿内正中设八角形木质须弥座,座上供奉释迦牟尼本尊,端坐于莲花座上。坐像高约丈二,右手搭膝上,手指指地,表"降魔";左手掌心向上,平放在双腿上,表"禅定"。面部神情庄严,凝视众生。释迦牟尼佛左右立两木雕侍者。左为梵王,手执拂尘;右为金刚,手捧降魔杵。两侍者站在须弥座上,全高一丈,彩画描金,衣褶自然流畅,细腻美观。

如来坐像背后有东西两楼梯通楼上。楼上即万佛阁,东西三间,南北七檩,拱券式门窗,菱花隔扇。门外周遭有廊,围以宝瓶护板。

万佛阁方砖墁地,每间供一佛。中间为木质漆金毗卢遮那佛,座下托莲花千朵,整体雕塑精美。佛前金柱挂抱柱联一副:"虔登梵阁遍游于华藏之天,钦仰慈容礼拜于刹尘之佛。"佛座头顶上原有一架精美的斗八藻井,云龙盘绕,构造繁巧,跟紫禁城中太和殿藻井相似,可惜在20世纪30年代被寺僧拆卖,现存于美国纳尔逊·阿特金斯艺术博物馆。毗卢遮那佛左边是卢舍那佛,右边是释迦牟尼佛。

如来殿、万佛阁上下两层的山墙上置有佛龛近万,内置小佛九千尊。万佛阁因此而得名。

万佛阁之后的建筑为大悲堂,内供木质千手观音坐像。

1961年3月4日,智化寺名列国务院第一批公布的全国重点文物保护单位。第一批公布的共一百八十处,北京地区享有盛誉的潭柘寺、戒台寺、碧云寺、卧佛寺等均未列入。因为智化寺历史上虽多次翻修,但还基本保留着明初规制,是研究明代建筑的宝贵实例。

寺院中现存六块碑碣。最珍贵的是英宗谕祭王振碣，为圆首方趺青石制，阳面篆文为"皇明恩典"，碣身上镌有王振画像，阴线浅雕。

寺主人是明代大宦官

智化寺，是明代大宦官王振创建的。

王振是山西蔚州（今河北蔚县）人，生年不详。他本是个读书人，下过考场，做过某县教官，因为过失，本该谪戍——发到边境上去当兵，恰逢皇帝有旨：允许有儿子的男人净身入宫当差。于是他自行阉割，在宣宗朝进宫里当了太监，先是教宫女们识字，后来陪太子朱祁镇读书。他对朱祁镇要求很严格，朱祁镇既怕他，又敬他。因为他读过书，自然比那些文盲太监有优势，不久当上了朱瞻基的司礼监掌印太监——这是明朝十二监中最具权势的太监职位。

朱瞻基死后，年仅九岁的朱祁镇当上了皇帝。朱祁镇的祖母张老太后对王振是有戒心的，曾经严厉地警告过他。当时朝中有杨士奇、杨荣、杨溥三位老臣辅政，王振便装出一副忠诚、正直的样子，骗取了张老太后和三杨的信任，让他继续侍候小皇帝的起居。

有一次，小皇帝和几个太监一起玩球，看见王振来了，马上就不玩儿了。第二天一早，王振当着三杨的面跪下奏道："先皇帝为一球子儿误天下。陛下复蹈其好，如社稷何？"

三杨感动不已："想不到宦官中还有这样的人！"从此对王振放松了警惕。（据《罪惟录》）

正统六年（1441）十月，奉天、华盖、谨身三殿完工，英宗大宴百官。按照明朝的制度，宦官是无资格参加这种宴会的。英宗怕王振不高兴，就派人去看他在做什么，发现他正在大发脾气，说："我像辅佐成王的周公一样，却连一个座位也不给我！"英宗得知后，马上叫人打开东华门请他来赴宴。群臣纷纷起立躬身迎接。英宗称其为"先生"，公侯大臣称其为"翁父"，其气焰从此日渐嚣张。

正统七年（1442）以后，张老太后去世，三杨先后离开朝廷，王振便肆无忌惮起来。明太祖朱元璋曾经在宫门内立过一块三尺高的铁牌，上铸"内臣不得干预政事"八个大字，王振偷偷将这块铁牌毁灭了，然后放手干预官员任免、左右军国大事、收受贿赂卖官鬻爵，一些无耻之徒便拜在他门下，充当心腹走狗。

正统八年（1443）五月，雷震奉天殿。侍讲刘球应诏上疏言事，其中有希望皇帝"政由己出，权不下移"，"亲决故事，使权归于一"的话。有人对王振说，这几句话是针对他的。王振便将刘球下狱，指使爪牙深夜将刘球杀死在狱中，并肢解了尸体。刘球的儿子闻父死讯，只找到父亲的一只胳膊，拿回去下葬了。

刘球只是《明史》中记录的被王振迫害的大臣之一。大理寺少卿薛瑄，差点被王振爪牙打死；祭酒李时勉是永乐朝的老臣，被锁上重枷在国子监门口示众；驸马都尉石璟因为骂了自己家的宦官，被王振下狱；御史李铎见了王振没有下跪被打个半死，谪戍铁岭……

王振登峰造极的罪行是导致了"土木之变"。

正统年间，蒙古的瓦剌部落日渐强大。正统十四年（1449）秋七月，瓦剌太师也先向明朝边境发起进攻。英宗在王振怂恿之下决定率兵出征。大臣们一致反对，英宗不听，于是仓促调集五十万大军出发了。走到宣化，遇到大风雨，大臣们又劝英宗：回朝吧。王振大怒，罚一些大臣跪在草中。大军行进到大同，瓦刺后撤了。王振想继续北进。他在大同的亲信告诉他：瓦刺确实很厉害，他们这是诱敌深入，再向北就危险了。王振这才害怕了，决定回京。

王振想由紫荆关回京，路过他老家蔚州，由皇帝陪着衣锦还乡，多威风体面！走着走着，他觉得不好：五十万人一起到他老家，这还不把庄稼都毁了！于是又改道奔宣府（今宣化），这么一折腾，走到土木堡这个地方（今河北怀来东）瓦刺的骑兵就追上来了。结果，明朝五十万大军覆没，英宗当了俘虏，许多大臣死在乱军之中，王振被杀。史称"土木之变"。

王振，是明朝第一个爬得高、危害大的宦官。

在搜刮了大量财富之后，王振"作大第于城东，建智化寺，穷极土木"（据《明史·宦官·王振传》）。由于他可以调集京城最优秀的工匠，所以智化寺的建筑、雕塑、壁画，都

刻有王振画像的"英宗谕祭王振碣"
仍保存在智化寺内

代表着当时的最高水平。

景帝朝抄了王振家，处死了王振爪牙，"族无少长皆斩"。在他家中，抄出"金银六十余库，玉盘百，珊瑚高六七尺者二十余株，（其）他珍玩无算"（据《明史》）。

明英宗复辟重新当上皇帝之后，念念不忘王振的"好处"："复王振官，刻木为振形，招魂以葬"，还在智化寺北建了旌忠祠，塑王振像，春秋祭祀。直到清乾隆年间，才把王振塑像毁掉。

智化寺原先的占地面积要大得多。1928 年北平市寺庙登记时，智化寺"面积土基二十六亩，平房共计一百九十九间"，"庙内法物有铜像六位，泥像、木像七十一位"。专家考证，整座寺院原来就是王振的旧宅，他是舍宅建寺，以备将来养老之用的。

智化寺音乐活化石

智化寺除了建筑之外，还有两件珍宝，一件是珍藏的大藏经，一件是佛教音乐。

曾藏于智化寺的《乾隆版大藏经》，最初是 1981 年由柏林寺挪至此处，1986 年又移至云居寺展出。而今，智化寺又将《乾隆版大藏经》的部分经版实物和 1990 年印制佛经复制品重新陈列于智化寺的智化殿内。

《乾隆版大藏经》是用一块块梨木雕刻的，至今已有 250 多年，但经版仍然基本完整。全部经书的版片重约 400 吨，共收录佛教经典 1675 部，堪称我国木版书之最。

　　智化寺的另一件珍宝是佛教音乐。

　　音乐，是佛门宗教活动中不可或缺的一部分。因而在大的寺院里，都有专门从事演奏乐曲的僧人。有钱有势的大权阉王振，自然不会让智化寺没有一个高水平乐团。新中国成立之初，智化寺还有五名会演奏的乐僧，他们演奏的乐曲得到了音乐界的重视，使外界知道了智化寺音乐的存在。1982年，恢复活动的北京市佛教协会找到了八位老乐僧，把他们请回了智化寺，1986年，成立了北京佛教音乐团。1989年12月，由十二位僧人组成的佛教音乐团走出了国门，他们演奏的佛教音乐倾倒了整个欧洲。新闻报道称："智化寺的佛教音乐团……在欧洲投下了一颗音乐炸弹，震撼了欧洲的乐坛。"

　　佛教音乐团演奏的乐谱，是智化寺的僧人们传承下来的。20世纪50年代初，专家们在智化寺发现了一本清康熙三十三年（1694）的古谱，录有四十八首曲目。专家考证，这套乐曲中有一部分可能来自明朝宫廷，至少可以追溯到北宋，堪称音乐活化石。

大隆福寺：精美曾经冠京华

15 世纪 50 年代，明朝的京师北京城里出现了两座极豪华、壮丽的寺庙：一座是位于西长安街北侧的大兴隆寺，一座是位于大兴县东大市街之西北（今隆福寺街）的大隆福寺。

大隆福寺后来居上

明正统十三年（1448），英宗朱祁镇应宦官王振之请，拨帑金数十万，命太监尚义、工部右侍郎王永和、内官黎贤、主事蒯祥分别管事，历时九个月，建成了大兴隆寺，"壮丽甲于京都诸寺"，"树牌楼，号第一丛林"。

明景泰三年（1452），景帝朱祁钰应宦官兴安之请，费数十万金，由太监尚义、陈祥、陈谨，工部左侍郎赵荣任督工。四年

（1453）三月大隆福寺落成，建筑之豪华较大兴隆寺有过之而无不及。庙门外，也竖立了"第一丛林"牌楼。庙门两进十间，飞檐彩画；"三世佛、三大士殿处二层，三层左殿藏经，右殿转轮，中经毗卢殿至五层，乃大法堂"（据《顺天府志》）。大法堂矗立在台基之上，四周围以汉白玉石栏——这石栏是从囚禁太上皇朱祁镇的南城翔凤殿拆过来的。

《帝京景物略》对大法堂是这样描述的："白石台栏周围殿堂，上下阶陛旋绕窗枨，践不及地，曙不因天。"这些文字足可以令人展开遐想。总之，大隆福寺的建筑精美远超大兴隆寺。除此之外还可以看出，大兴隆寺和大隆福寺的建成，有诸多相似点：

第一，都和当时掌权的大太监密切相关。促成修建大兴隆寺的是正统年间司礼太监王振，催生出大隆福寺的是景泰年间司礼太监兴安。

第二，都动用了大批人力，耗费了国库大量资财。

第三，都由当时的皇帝敕赐以寺名。

第四，大兴隆寺是在元代庆寿寺的基础上翻扩建的；大隆福寺是在元代东崇国寺（大都城有东、西两个崇国寺）的基础上翻扩建的。

本来还应该有第五：竣工之时，皇帝都亲自来主持盛典。大兴隆寺落成后，明英宗朱祁镇亲自来寺内传法、称弟子。大隆福寺落成后，景帝朱祁钰本来说好要来"临幸"，日期已经择定，清水泼街、黄土垫道，仪仗卤簿都已备好。结果，临时出岔子了——国子监有个名叫杨浩的太学生上疏提出反对。按说，国子监的太学生是不具备上疏言事资格的，杨浩的做法有点"越格"，但他的话很有分量。他说："不可事夷狄之鬼！"他还说，陛下即位之初首先到太学来视察，天下的读书人无不欢欣鼓舞。如今，您怎么弃儒术而尊佛教了呢？您这么做，怎么给后人做榜样啊！礼部官员章纶也说："以万乘之君，临非圣之地，史官书之，传之万世，实累圣德。"——太有损于您的形象了。朱祁钰看了之后说：朕不去了！

兴安为人并不太坏

《顺天府志》中说："兴安……佞佛甚于王振。"据《明典汇》："自正统至天顺，京城内外建寺二百余区。"这里面既有王振"佞佛"的原因，也有兴安"佞佛"的结果。

兴安虽然也是宦官，虽然也"佞佛"，但他倒不像王振那样坏。

兴安（1389—1459）是安南人。永乐初年，张辅征交趾，带回一些男孩子，选为阉童，兴安、阮安、金英等都在其中。正统元年（1436），明英宗即位，兴安和司礼监太监金英都很受宠信重用。后来金英犯赃罪，按律应该处死，被皇帝开恩，免除死罪，永不任用。而兴安，史书称他"有廉操"。

土木之变，英宗被俘，消息传至北京，朝中一片慌乱。侍读徐珵主张迁都，遭到于谦驳斥。兴安坚决站在于谦一边，叫人把徐珵推了出去，并大声说："敢言迁（都）者，斩！"太后令郕王朱祁钰监国，兴安劝郕王任用于谦。

朱祁钰后来即位，是为景帝。瓦剌兵进犯京城，景帝派兴安协助于谦总理军务。兴安很是敬佩于谦的为人。有人对景帝信任、重用于谦颇有微词。兴安站出来说道："为国分忧如于公者，宁有二人？"像于谦这样为国分忧的，有第二个吗！

于谦病了，他奉命与舒良一道去探望。

兴安毕竟也是宦官，而且是在明宫里熏陶了五十年的宦官。对大臣，兴安也有狐假虎威、声色俱厉的时候，比如在易立太子的事情上。

事情大致是这样的：当初孙太后让郕王朱祁钰监国，并将朱祁镇的儿子朱见深立为太子。这用意很明显：将来皇位由朱祁镇的儿子继承。朱祁钰对这事一直心有不甘。朱祁钰当了皇帝之后，自己的儿子朱见济出生了，他想将太子换成自己的儿子。他又是暗示，又是无缘无故地重赏，可是大臣们就是不提这事。偏在这时候，一个广西土官上疏，请景帝重新立太子。景帝大喜，命大臣们合议后回奏。大臣们都很为难。这时兴安厉声说道："此事不可已。即以为不可者，勿署名，无持两端。"他的意思是：这事必须定下来，不许模棱两可，谁不同意，可以不署名。不署名就意味着得罪皇上，大臣们都签名表示了同意：换太子。

景泰三年（1452）五月，朱祁钰以众大臣一致赞同拥护为由，将自己的儿子朱见济立为太子。大臣们都认为：兴安参与了这件事的运作。兴安究竟参与了没有呢？答案明摆着：景泰三年六月，大隆福寺动工了。这是景帝对兴安推助立太子一事的回报。

兴安一心效忠景帝，全不把旧主子英宗放在心上。在从瓦剌接回英宗这件事情上，景帝是消极的，兴安也是消极的。朱祁镇回来之后，朱祁钰把他囚禁在了东苑崇质宫。为修建大隆福寺，兴安竟然派人去拆崇质宫的木料石材。试想：朱祁镇当时心里会是个啥滋味！

朱祁镇复辟后，不仅处死了于谦等大臣，还处死了许多朱祁钰身边的太监。独对年近七旬的兴安网开一面，饶了他一命。

兴安信佛，而且很虔诚。临死前"遗命，舂骨为灰，以供浮屠"——将骨灰葬在塔里。

大隆福寺命运多舛

大隆福寺建成之后，就没安生过。据《帝京景物略》记载，景帝不得已取消了临幸，"敕都民观"——让京城百姓去参观、助兴。那天大殿里僧俗云集，香烟缭绕，钟磬齐鸣。突然，一个"西番回回"手持利斧闯进佛堂，逢人就砍。两个僧人瞬间倒在血泊之中，另有四人受伤，和尚们吓得四处逃窜。"西番回回"意犹未尽，抢起斧头将门窗家具乱砸乱砍，之后，还放了一把火。《天府广记》对这件血案也有记载，但时间不同，说是发生在景泰七年（1456）五月的大隆福寺修佛会上。

这件事《明英宗实录》卷二六二也有记载，时间是在"景泰七年正月丁亥（十七），大兴隆寺修佛会，有回回速来蛮发狂，持斧入寺，砍众僧头，一僧死，遂上佛殿放火，烧毁佛经并坏门窗等物。捕获，斩之"。这个记载的时间应该是最准确的。

搁在今天，这不啻一次恐怖袭击。从"速来蛮"这个名字看，像是西亚人。"速来蛮"，也可以译作"苏莱曼"，西亚国家中叫这个名字的人很多。用今天的话说，这是个极端宗教分子。他为何到寺庙里行凶呢？有司审问他的作案动机，他说，转轮藏中有三四个人像雕塑，"眉棱鼻梁，是我国人"，"嗟同类苦辛，恨僧匠讥诮，因仇杀之"。

杀人偿命，"速来蛮"被处以死刑。

大隆福寺建成后不久，山西巡抚都御史朱鉴说：在这个地方建寺庙有害风水。景帝于是下令：把寺庙的正门关闭，永远不要开；钟鼓楼的钟鼓不许敲。还把寺门外的"第一丛林"牌楼拆掉了。（见《万历野获编》）而这一切都是徒劳的，"无救于祸难"，没用。所谓祸难，大概是指景帝独生子的早夭。景泰四年（1453）十一月，也就是大隆福寺建成半年之后，当了不到一年太子的朱见济夭折了，活了不到两年。后面还有更大的"祸难"在等着朱祁钰，那就是英宗的复辟。这一切当然和建大隆福寺没有任何关联，但是可能景帝不这么认为。

隆福藻井精美犹存

大隆福寺历经二百七十余年风雨之后，到了清雍正元年（1723），世宗胤禛"乃弘施资财，庀材召匠，再造山门，重起宝坊。前后五殿，东西两庑，咸葺旧为新，饰以彩绘。寺宇增辉焕之观，佛像复庄严之相"，重修了大隆福寺。

隆福寺街每月九、十日有庙市。《大清一统志》说，隆福寺庙市"百货骈阗，为诸市之冠"。清人有诗赞道："三市金银气，五侯车马尘。"

清光绪二十七年（1901），一场大火把隆福寺庙宇烧去大半。

隆福寺藻井

1976 年唐山大地震时波及北京，隆福寺仅存的几间殿宇也几近倾覆。

　　1977 年，地震后的隆福寺要拆除时，北京文物工作者在三宝殿里发现一架精美的藻井。藻井，是我国传统建筑中天花板上一种装饰处理，有方形的，有圆形的，也有多边形的。隆福寺的这架藻井分为上、中、下三层，下层由铜铸四大天王支撑，彩云缭绕中立着一个个罗汉；中层为琼楼玉宇的天上宫阙，形态各异的亭台楼阁连并而立；上层是神话中的天宫，天宫下为彩绘的二十八星宿神像，宫阙里有仙人天女，都是精雕细刻而成。最上方是一幅星象图，存星一千四百颗。

这架藻井在建筑史上有极高的价值。它的那些亭台楼阁，分明是明代木结构建筑的模型，全部是用珍贵的楠木加工而成。整个藻井上有两万多个精致的斗拱。那幅星象图也不可多得，是参照唐代一幅星图绘制的。

当时的文物工作者拆下了这架藻井，先是移至西黄寺，1989 年又移至先农坛，现在陈列在先农坛北京古代建筑博物馆。从这架精美的藻井上，我们可以遥想当年大隆福寺鼎盛时期的辉煌。

黄瓦财神庙：庙小神道多

鼓楼东二三百米处，北锣鼓巷南口东侧，有一座财神庙。硬山式建筑，三间北房，殿宇虽然不大，屋顶却用明黄琉璃瓦覆盖，起五脊，主脊有鸱吻，四条垂脊各有仙人、三兽，人称"黄瓦财神庙"。这座小小的财神庙原来被一些非文物建筑所遮掩，2005 年 8 月，鼓楼东大街整治环境，拆除了财神庙周围的建筑，这才亮出了大殿，修缮之后，使之成为鼓楼东大街的一个亮点。

旧时人们崇拜财神爷

财神，是迷信的人们必要崇拜的神祇之一。

旧时风俗，大年初二一早，家家户户要祭财神，在财神像前摆设供桌、供品，虔诚地磕头行礼，乞求财神保佑在新的一年里发财

黄瓦财神庙外景

致富。《燕京岁时记》中记载："初二日致祭财神，鞭炮甚夥，昼夜不休。"《百本张抄本岔曲》中抄记的北平俗曲《祭财神》唱道："新正初二，大祭财神，点上香烛把酒斟，供上公鸡猪头活鲤鱼。一家老小行礼毕，鞭炮一响惊天地。"祭祀之后，把财神像置于庭院松柏枝、芝麻秸上，与黄钱、千张、元宝一起焚烧掉。至此，财神祭毕。

因为崇拜财神，所以建有财神庙。北京城大大小小的财神庙有十数座。最大的，当数前门外晓市大街的财神庙，始建于康熙年间，占地五亩，有房屋八十余间，佛像、神像总共三十尊。香火最旺盛的，当数广安门外六里桥西南的五显财神庙，据说始建于明代。

旧时新年正月初二一早，做大小买卖的、开当铺的、梨园行的……都要起大早到广安门外的财神庙去上香，上了供、磕完头，还要买几个纸元宝带回来，说是"借"的，第二年加倍还。民国年间编著的《旧都文物略》载："新年之二日，则于广安门外五显财神庙祈财，争烧头一炷香。倾城男妇均于半夜候城趋出，借元宝而归。元宝为纸制，每出若干钱，则向庙中易元宝一二对。不曰'买'，而曰'借'，归则供之龛中，更饰以各色纸制之彩胜，盖取一年之吉兆也。"为什么说"半夜候城"呢？旧时北京城夜里是要关城门的，天明才开启。为了争得烧头炷香，人们彻夜不眠，半夜就到城门前等候，等城门一开，就争先恐后地往六里桥的方向跑。六里桥距离广安门三千米呢，多么虔诚、多么急迫！"终一日以千万人计"，一天之内去那里烧香的人成千上万。由于庙小人多，庙内庙外拥挤不堪，大多数人挤不进殿内，只好把香投入院内香池子里，还不能下跪叩首，怕被人拥倒踩踏！大多数香客只好用"心到神知"安慰自己，既然连院子也挤不进去，在山门外烧把香、磕个头就回去了。

然而规格最高的，当数鼓楼东大街这座增福财神庙，因为殿顶覆盖的是黄琉璃瓦。

该财神庙为何用黄瓦

众所周知，黄琉璃瓦只有皇家的建筑才能使用，一般的民间庙宇是不可以用黄琉璃瓦的。如此一座财神庙，为何顶用黄琉璃瓦覆盖？这给人以许多猜测想象的空间。

原来这座财神庙的规模会不会像许多皇家寺院那样，高大的山门，钟鼓楼并立，殿宇多层？据1928年《北平特别市政府寺庙登记》

195

中记载，这座庙名为增福财神庙，其建立年代失考，清光绪初年重修，"属私建"——这说法堪疑：有皇帝的年代，私建小庙，岂容你用黄琉璃瓦？不过从这个记载中得知，民国时期庙的规模就不大："面积东西宽四丈八尺二寸，东面南北长一丈七尺九寸，西面南北长二丈六尺，房屋共四间半"，总共约一百二十平方米。如此逼仄狭小，殿堂只有一座，不大可能建有山门、钟鼓楼。

一说原来此庙规模很大，有主殿、配殿，有山门和钟鼓楼，后来因为凸出大街，所以拆小了，但是为何却名不见经传？此说待考。

那为何这么一座名不见经传的小庙能用黄琉璃瓦？据传说跟雍正皇帝有关。说雍正为亲王时，住在雍和宫（原来叫雍亲王府）。他至皇宫每次都要路过鼓楼东大街，经常在这个小庙前许愿。果然，后来雍正成功登基。想起这座小庙财神还真灵，于是下令对其进行重修，并使用了皇家才可以使用的明黄琉璃瓦。这小庙也就正式叫作"黄瓦财神庙"了。

这个说法其实站不住脚。为何？您看看地图就知道了：雍亲王上朝，出雍亲王府（今天的雍和宫）一直奔南，然后进东华门，这是最直也是最近的路线，不必绕鼓楼东大街的。再者说，如果雍正皇帝真有还愿之举的话，那他就得大兴土木、为财神爷重塑金身了，不会让财神爷还在这么憋屈的小庙里栖身。

这座财神庙坐落于此，并用黄琉璃瓦，说明它有官方色彩，跟北边的宝泉局不无关系。明代，由财神庙西墙外进北锣鼓巷，走不到一里，即宝泉局。据《春明梦余录》所记："宝泉局在皇城东北。"《燕都丛考》中讲："北锣鼓巷……北曰法通寺胡同，又北曰琉璃寺胡同，

明代大中通宝折十背上十　　　　　　洪武通宝背五钱

又北曰净土寺胡同，又北曰纱络胡同，又北曰郎家胡同，又北曰千佛寺胡同。"《顺天府志》里说："宝泉局西作厂在千佛寺东北，俗称其地为钱局。"在乾隆十五年（1750）的北京地图上，可以看到"宝泉局西厂"的位置在千佛寺胡同东口路南。

宝泉局是做什么的？铸钱的。据《明史·食货志》，"（明）太祖初置宝源局于应天，铸'大中通宝'钱"，"各省皆设宝泉局，与宝源局并铸"。《春明梦余录》："宝泉局在皇城东北。国初钱法专属工部宝源局，自天启二年，始设户部钱局，以右侍郎督理之，名钱法堂，加炉制造，以济军兴。"

或问：千佛寺的"钱局"能算是"皇城东北"吗？这里需要说明一下：清代宝泉局下属东、西、南、北四作厂，全部位于东城界内。东厂在东四四条，南厂在钱粮胡同，北厂在北新桥三条胡同，分见于《宸垣识略》。由此推断：此财神庙有可能是明代皇家宝泉局的管理机构，或许是户部官员的办公处吧，所以顶用黄琉璃瓦。

黄瓦财神庙虽小，修复之后的大殿里，却重新供奉着五位神祇：财神爷，鲁班爷，土地爷，药王爷，还有一位五道将军。这五位可能

《三教源流搜神大全》第三卷中的赵公明法相

不是财神庙最初的"原始居民"，而是修复之后新"请来"的。把这五位神祇请来有点意思。

财神是此庙主神，即赵公明。殿门之外的楹联是："我岂爱财？骑虎不能下背；人而求富，执鞭亦所甘心。"执鞭、骑虎，正是财神赵公明的典型特征。进入大殿，正中就是这位武将装束、右手执钢鞭、左手捧元宝、斜跨在一头黑虎之上的赵公明。在神话小说《封神演义》里，他在峨眉山罗浮洞修炼得道，在和姜子牙交战时，被姜子牙用桃枝箭射死，死后封为"金龙如意神"。在《三教源流搜神大全》中，赵公明是终南山人，自秦代避乱山中，修炼得道，被玉皇大帝召为神霄副元帅。他面黑色，留有胡须，头戴铁冠，手执钢鞭，能驱雷役电、呼风唤雨，能除瘟疫、祛病保平安，还受理诉讼，管买卖求财，人称玄坛飞虎金轮执法赵元帅。据说想发财的话，只要对赵公元帅祈祷，无不如意，所以被民间奉为财神。

只要祈祷赵公元帅就真能发财？别忙。赵公元帅旁边还有四位神祇呢！

右边，是右手拿个葫芦、左手捏着一粒药丸的药王爷。药王爷是孙思邈，历史上实有其人。他是陕西人，生于581年，卒于682年，我国隋唐时期的大医药学家，著有《千金方》和《千金翼方》，被民间尊为药王。把药王和财神供在一起，似在提醒世人：健康才是最大的财富；有病不要讳疾忌医，得吃药。

药王爷旁边是土地公公，很有意思：按照中国的五行相生之说，土能生金；有土地才能有财。让土地公公坐在财神爷身边，大概是想告诉人们：土地才是最根本的财富；把地折腾光了，土地爷一走，财源也就断了。

　　财神爷的另一侧是双手捧着一个袖珍宅院的鲁班爷。鲁班，是五行八作所有工匠的祖师爷。让工匠手艺人的祖师爷坐在这里，好像是说：要想发财，必须得有门手艺才行，勤劳才能致富。鲁班爷手里还捧着座宅院，是不是想说"要想富就得多盖房"呢？

　　财神爷左边还有一位手执宝剑的五道将军。财神是善神，五道将军应该算是"恶神"。佛家称佛天、人、牲畜、地狱、饿鬼为五道。按迷信的说法，五道将军是掌管人间生死的。如果"安排"一位福神在这里，可能更顺理成章。不过，"请来"一位恶神在财神庙里，倒也不无益处，好让来求财者有所警醒：君子爱财，取之有道；上有天理，下有国法，切不可伤天害理、触犯刑律。那宝剑仿佛是一种警告：善有善报、恶有恶报，不是不报，时候未到……

　　走出大殿，回首再看那副对联，会觉得更有余味了："我岂爱财？骑虎不能下背；人而求富，执鞭亦所甘心。"不知是哪位高人作的，这说的哪里是财神爷？分明是世间凡人。

第三辑

西路　汇聚八方文化

老北京宣武门教堂（南堂）　方砚绘

宣武门堂：京城首座天主堂

　　前门西大街，宣武门内，矗立着一座巴洛克式建筑的大教堂。它是北京城内第一座天主堂。明末清初，天主教在京城建了四座教堂，分处东南西北四个方位，宣武门的这座被称为南堂。其余三座：北堂是位于西安门内西什库的救世堂，东堂是东安门外的圣若瑟堂，西堂是西直门内的七苦圣母堂。

利玛窦传教进北京

　　南堂的创建者是意大利传教士利玛窦（Matteo Ricci）。

　　利玛窦 1552 年 10 月 6 日出生在意大利中部城镇马切拉塔的一个贵族家庭。他从小聪慧过人，具有出众的语言天赋。在当地的教会学校完成中学学业后，1568 年，十六岁的利玛窦来到罗马圣汤多雷亚

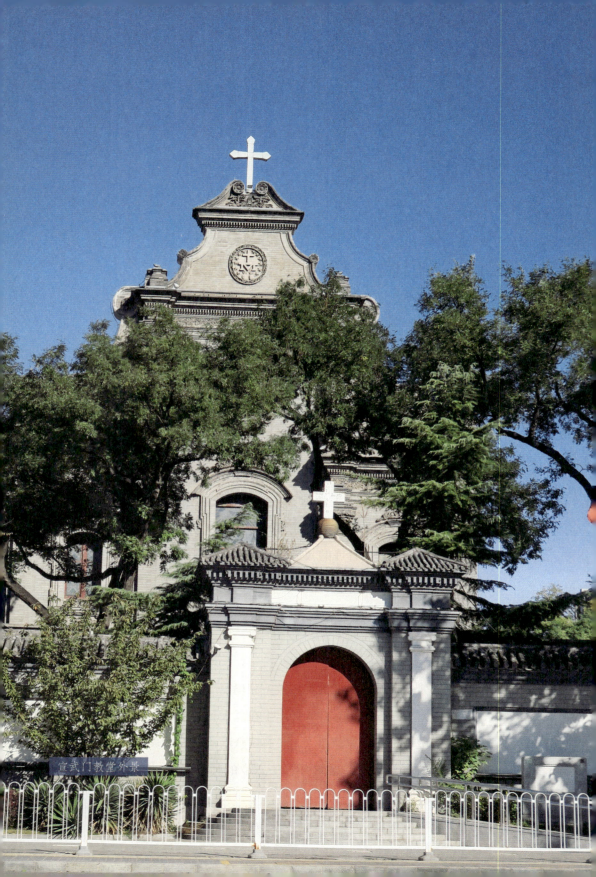

宣武门教堂外景

学院学习法律，并于 1571 年加入了天主教的耶稣会，1572 年开始学习神学和哲学。

1577 年，利玛窦被派往东方传教。1578 年 9 月 13 日到达印度果阿，1580 年，被授予神职"神父"。1582 年 8 月 7 日，来到了澳门。在这里，他学习了汉语、汉字。1584 年，他和另一个神父获准入居广东肇庆，建立了"仙花寺"。开始传教并不顺利，不久，他就被新上任的地方官赶出了肇庆。此后，他去过南京，很想留下来，但没有成功，不得已去了南昌，在那里待了三年。在中国南方的这些年里，他学会了同中国人打交道。他深深体会到，要想在中国站住脚，必须征得皇帝的同意。于是他开始寻求北上。

明万历二十六年（1598），利玛窦与进京述职的南京礼部尚书王忠铭一起，乘船由大运河来到北京。时值万历皇帝寿诞，利玛窦准备了自鸣钟、八音琴等欧洲方物准备献给皇帝。当时倭寇在朝鲜构衅，明军征讨失利。万历皇帝听信了利玛窦与日本有联系的传言，拒绝接见他。他在北京停留了两个月后，只好返回南京。

明万历二十八年（1600）5 月，利玛窦再次北上。在天津苦苦等待了四个月之后，终于获准进京去见皇帝。

矗立在宣武门教堂西侧的利玛窦雕像

明万历二十九年（1601）1 月 28 日，利玛窦和他的同伴——西班牙传教士庞迪我，被万历皇帝召见。明神宗对他们带来的礼物——一座大自鸣钟、一块小巧的金表、一架古钢琴、两件古代计时器，还有装饰着宝石的十字架、世界地图、水晶三棱镜、八音琴、铜版画等等感到新奇和惊喜，年近四旬的朱翊钧竟然高兴得像孩子一样。皇太后听说了，也要求抬过去给她看看。

好奇的明神宗还问了利玛窦好多问题，利玛窦用熟练的汉语一一做了回答。利玛窦得到了万历皇帝的好感，皇帝给予他优厚的款待。后来，他被允许自由出入紫禁城了。

利玛窦获准留在北京，以罗马帝国使者的身份出入紫禁城，并享有朝廷的俸禄。利玛窦没有忘记他来北京的初衷是传教。在他献给万历皇帝的礼物中，有一本是金线装订的祈祷书。他买下其住地旁的"首善书院"（原为明代东林党人讲学聚会之所），作为其私人祈祷之所（恐怕还是传教之所）。明万历三十三年（1605），利玛窦将其改建成了一座小教堂。这时候，北京已有二百余人信奉天主教了。

万历三十八年（1610）五月十一日，积劳成疾的利玛窦卒于宣武门教堂，终年五十八岁。明神宗赐葬于阜成门外二里沟。他是第一个葬在北京的外国传教士。当时，南京、上海、南昌等地都有人员专程来参加他的葬礼，说明他在中国的二十八年里，已经发展了不少信徒。

利玛窦弟子徐光启

在利玛窦的中国弟子里，地位最显赫、最有成就的要数徐光启了。

中文版《几何原本》中的插图：利玛窦和徐光启

徐光启（1562—1633），字子先，号玄扈，上海人，万历年进士。《明史·徐光启传》中说他"从西洋人利玛窦学天文、历算、火器，尽其术"。编著《农政全书》，译著有《几何原本》《泰西水法》《测量法义》《勾股义》等。天启年间，旧历失准，他带领汤若望、邓玉函、罗雅谷等天主教传教士重修历法，历时三年，成《崇祯历书》，为我国历法参用西法之始。崇祯元年（1628），他被擢礼部尚书；崇祯五年（1632）五月，以本官兼东阁大学士，入参机务，"加太子太保，进文渊阁"。《明史》说他"雅负经济才，有志用世"，可惜"及柄用，年已老"，一年以后就去世了。

徐光启对崇祯皇帝的影响不小。他主朝政之后，"力进天主之说"，使得崇祯皇帝朱由检也崇奉了天主教，将宫内各处的铜佛像尽行毁碎。这是文徵明的玄孙文秉在《烈皇小识》中说的。这样说来，崇祯皇帝差点儿就成了利玛窦的再传弟子。

让崇祯皇帝朱由检"悬崖勒马"的，是他第五个儿子朱慈焕的夭亡。朱慈焕从五岁开始生病。按文秉的说法，宫内佛像被全部捣毁之后朱慈焕的病就加重了。朱由检去探望这个爱子，朱慈焕指着空中说："我看见九莲菩萨娘娘了！她历数你毁坏佛家三宝之罪，指责你对武清侯过于苛刻，要让你所有的儿子夭折！"说完就死了。

所谓"九莲菩萨娘娘"，就是万历的母亲李太后、朱由检的曾祖母。她生前佞佛，说自己是九莲菩萨下界。第一个被封为武清侯的是她父亲李伟。李伟死后，其后人颇行不法，朱由检便中止了李家后世的承袭，并且没收了他家的房产。

朱由检吓坏了，"极力挽回，已无及矣"。于是"痛悔前事，特颁谕内外"，颁旨纠正以前的做法，恢复李家人武清侯的承袭并发还了房产。谕旨中有"但愿佛天祖宗知，不愿人知也"。文秉在《烈皇小识》书中批评道：几不成皇言矣（这哪是皇帝该说的话呀）！从这几句"不成皇言"的话中可以看出，朱由检从此不信天主信佛祖了。

汤若望建议立玄烨

崇祯十三年（1640）的一天，崇祯皇帝在紫禁城一个废物堆里发现了一架钢琴。这是四十年前利玛窦献给万历皇帝的，而今，它已经破损，不能弹奏了。崇祯皇帝让德国传教士汤若望（Johann Adam Schall von Bell）修理，汤若望仿制了一架新钢琴给皇帝。

汤若望（1591—1666），字道未，天主教耶稣会修士、神父、学者。崇祯二年（1629）进入北京，不久又去西安传教。一年后，汤若望回到北京，任职于钦天监。

1644年，清朝皇帝入主了北京城。有人把他推荐给新的皇帝，但是"众意纷纷，终莫能用"。汤若望极力申说他的历法是多么准确，并预言了顺治元年（1644）八月初一的日食和第二年正月十五的月食。届时，朝廷派大臣率钦天监的官员登台验测，结果证明：汤若望预测的初亏、食甚、复圆的时间准确无误，"悉相符合"。于是他获得了信任，被任命为钦天监监正。他不失时机地献上了《崇祯历书》的精简版《西洋新法历书》和《圣经》，还有天文仪器、龙尾车、望远镜、地图、铜版画等。

顺治二年（1645），《西洋新法历书》定名为《时宪历》颁行国中。

汤若望

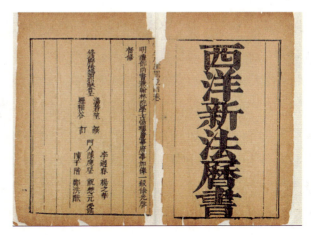

《西洋新法历书》

顺治七年（1650），汤若望在利玛窦创建的基址上，建起了一座高二十米的巴洛克式大教堂。

顺治八年（1651）四月的一天，几名皇宫侍卫护送着一位宫女来教堂找汤若望，说一位郡主得了急症，请汤若望去诊治。汤若望并不精通医道，听了宫女的叙述认为不是什么大病，就将一面十字架交宫女带回，说只要将它挂在胸前即可痊愈。

几天以后，孝庄皇太后传谕请汤若望进宫。原来，那位病人不是什么"郡主"，而是孝庄的侄孙女、顺治皇帝未来的皇后。她挂上十字架之后，病真的好了。该汤若望走运，小小的十字架叩开了清宫大门。孝庄皇太后要求也给她一面十字架挂上，还认汤若望为义父；年幼的顺治皇帝则称他为"玛法"（爷爷）。不到十岁的小皇帝和他的母亲所接纳的，不仅仅是这个年逾六旬的外国人，同时还有他的圣母和上帝。从此这对母子待汤若望亲如家人，允许他可以随时出入禁宫，还经常让他和皇帝一起进食，并先后给了他通政大夫、太常寺卿、通玄教师等官职和封号，并赏给他很多金银绸缎等财物。

小皇帝福临也经常到南堂来，观赏西洋风格的"堂牖器饰"还有"神之仪貌"，并为教堂题写了《天主堂碑记》（以下简称《碑记》）和"通玄佳境"等匾额。在《碑记》中，福临对汤若望给予了高度评价，肯定他的忠于职守，说他"不婚不宦，只承朕命，勉受卿秩，渐至三品，……任职有年，益勤厥职"。还赞扬他："入中国已数十年，而能守教奉神，肇新祠宇，敬慎蠲洁，始终不渝。孜孜之诚，良有可尚……朕甚嘉之。"福临希望中国人也能像他那样"事神尽虔，事君尽职"。

汤若望何尝不想把顺治皇帝塑造成一个天主教徒！但中国的儒、释、道三教势力太强大，对福临的影响太深了。福临在《碑记》中说："朕所服膺者，尧舜周孔之道；所讲求者，精一执中之理"，除此之外的各种学说典籍"虽尝涉猎，而旨趣茫然"，对于西洋之书、天主之教，"朕素未览阅，焉能知其说哉"。表示了一种敬而远之的姿态。

顺治十四年（1657）以后，小皇帝开始被佛教的高僧所包围。尽管如此，由于汤若望和顺治皇帝的特殊关系，西方天主教传教士大批涌入中国，全国领洗入教者达到十万之众。

顺治十二年（1655），东安门外建圣若瑟堂，即东堂，被称为北京城内第二教堂。

顺治十八年（1661），二十四岁的顺治皇帝得了天花。此时的他身体虚弱，无法与死亡抗争。临死前他派人去问他的"玛法"：立哪个儿子作为新一任皇帝为好？汤若望的建议是：皇三子玄烨，因为他出过天花，有了免疫力。顺治同意了。

不久，八岁的玄烨登上了皇位。

汤若望之后，比利时籍耶稣会的南怀仁成为该教堂的神父。

南堂于康熙五十一年（1712）重修，乾隆四十年（1775）毁于火，四十一年（1776）重建。《燕都丛考》载："光绪庚子，宣武门内之天主堂为拳匪（按：原文如此）所毁，议和后乃重建，崇奂嵯峨，迥胜曩昔。时宪书局之地亦并入其中。其东有法文学堂，亦天主堂之附属物也。"

双塔寺：兰若留名戏文中

有出京戏《四进士》，讲的是明嘉靖年间四位同年进士毛朋、田伦、顾读、刘题，因为一起案子而发生矛盾纠葛的故事。四人中有人行贿，有人枉法，有人主持公道。最后，违法犯罪的官员得到了应有的惩处，是一出可以作为反腐教材的老戏。戏一开头，即四位进士在双塔寺神前盟誓："此番出京帘外为官，如有人密札求情，官吏过简，贪赃枉法，匿案准情者，准备棺木一口，仰面还乡。神灵共鉴。"

正阳门有关庙，安定门内有孔庙，四进士为何要在双塔寺盟誓？这双塔寺又是在哪儿？

海云住持为帝师

双塔寺始建于金章宗时期（1190—1208），元代叫庆寿寺，原址在今天的西长安街路北、西单路口以东。

金朝末年，得道高僧海云和尚携弟子可庵来到燕京，入住庆寿寺。蒙古中统元年（1260），忽必烈赐庆寿寺海云师陆地五百顷（据《元史·世祖纪》）。忽必烈为何如此厚待海云？

这位海云和尚是山西岚谷宁远人，俗姓宋氏，生于金章宗泰和二年（1202），八岁削发为僧，拜中观为师，十四岁时已能升座讲解经文。山西闹饥荒，"人相食"。海云"竭力济众"，被金宣宗赐以"通元广慧大师"称号。

金兴定四年（1220），木华黎率领的蒙古军队占领岚州，海云和他的师父中观一同被执。成吉思汗专门派人给木华黎捎来话："老长老、小长老可好！存济无令欺辱。"从此天下人都称海云为"小长老"。

蒙古军围城的时候，中观已经预感到城将陷，对海云说："我已经老了，死也没什么。你还年轻，赶快逃生去吧。"海云哭着说："死生有命。我怎能在危难之际离开老师去求生呢！再说我们出家人还对生死有什么困惑！"中观高兴地说："好，那我们一起去燕京吧。"

中观没等到出发那一天，就圆寂了。海云埋葬了师父，一人来到了燕京庆寿寺。

忽必烈也知道海云的大名，曾经召他去见面。路过云中（今大同）的时候，海云知道刘秉忠博学多才，就把他推荐给了忽必烈（据《元史·刘秉忠传》）。从此刘秉忠就留在了忽必烈身边，后来忽必烈建都燕京、规划建设大都城，刘秉忠发挥了非常大的作用——这是后话。所以，忽必烈对海云十分尊重。

海云来到庆寿寺后，庆寿寺住持中和章公便把衣钵传给了海云。

海云禅师雕像

此后，忽必烈手下的官员不断前来求教。第一个是丞相霞哩，他是奉忽必烈诏来见海云，"谒师请训"的。海云听说霞哩一向以严酷著称，便劝他善待饱受战乱之苦的燕京百姓，说："幽燕残民，造罹变故，正宜安辑。"丞相听从海云的劝告，"遂成善治"。大官人胡土克为蝗灾来求教，海云建议："以官政民心共感之致。"问可不可以打猎，海云说："应以救人为急务。"问刑赏，海云说："要以仁恕为怀。"海云还建议尊孔。这些建议大都被忽必烈和他的官员们采纳了。

海云圆寂之后，他的骨灰被葬在庆寿寺西南的一座九层佛塔里。另一座七层佛塔葬的是海云弟子可庵的骨灰。庆寿寺因此被称为双塔寺。

忽必烈定都燕京、建大都城时，海云和他的弟子已经圆寂多年了。双塔寺所在的位置"适当城基"，必须拆迁双塔城墙才能取直。忽必烈专门下令："勿迁，俾曲其城以避之"——让城墙拐个弯，绕开双塔。

道衍以寺当帷幄

明洪武十五年（1382），双塔寺来了一个新住持——姚广孝。

姚广孝（1335—1418），长洲（今江苏苏州）人，医家子，十四岁出家，法名道衍。他从一个道士那里学到了"阴阳术数"。有一次游嵩山寺，相面者袁珙说他：你这个和尚太不一般了，三角眼，像只病虎，注定嗜杀成性，你是刘秉忠一类的人。道衍听了反而特别高兴。

高皇后去世后，朱元璋要给每一个儿子选一位高僧。道衍被推荐给了燕王朱棣。交谈之后，朱棣觉得很投机，把他带回了北平府，让他住持庆寿寺。从那以后，道衍便经常出入燕王府，一去就和朱棣密谈。当时，道衍四十七岁，朱棣二十二岁。

朱元璋去世，其孙朱允炆继位，是为建文帝。他开始削夺诸叔王权力，道衍便劝朱棣举兵造反。朱棣有些犹豫，说："建文帝民心所向，怎么办？"道衍说："臣知天道，何论民心？"——我只知道天命，不管民心。朱棣这才下了决心，开始选将招兵，网罗人才。

朱棣的燕王府，"故元宫也"，面积非常大。道衍就在后苑训练军队，"穴地作重屋，缭以厚垣"，日夜打造兵器，并养了大量鸭鹅，企图用鸭鹅的鸣叫声掩盖锻造声。

有人向建文帝告发，说燕王要造反。建文帝下令逮捕燕王府中的官员。朱棣决定起兵。

起兵那天，天气骤变，大风雨刮掉了燕王府殿上的檐瓦。朱棣害怕了。道衍说：这是好兆头啊！飞龙在天，从以风雨。旧瓦掉了，说明要换黄琉璃瓦了！朱棣这才带兵出发，开启了"靖难之役"。

道衍陪世子朱高炽留守北平，打退了建文帝军队的进攻。

战事之初，朱棣并不顺利。围济南三个月，没有攻下；攻打东昌，失利，损失了一员大将。朱棣回到了北平想要停下来休整，道衍"力趣之"，鼓动他多招募勇士再战。

打了两个胜仗之后，道衍对朱棣说：不要再攻占城池了，赶快向南京进发。南京兵力不足，一定能打下来。朱棣听从了这个建议，直奔南京。

南京城破，宫中火起，建文帝失踪。朱棣当了皇帝，是为明成祖。

《明史·姚广孝传》说，朱棣为燕王的时候，所接触的都是武人。定策起兵、战守机事，"皆决于道衍"。"道衍未尝临战阵，然帝（朱棣）用兵有天下，道衍力为多，论功以为第一。"

朱棣对道衍的感激是不必说的：拜他为资善大夫、太子少师，恢复他的俗家姓氏，赐名广孝——姚广孝的名字就是这么来的。朱棣命他蓄发还俗，他不肯；赐给他两个宫女，他不要；朱棣要给他建造府第，他固辞，仍然住在庆寿寺，上朝穿朝服，退朝披僧衣。

永乐十六年（1418），姚广孝病逝于庆寿寺。朱棣"震悼，辍视朝二日"，命以僧礼葬于房山。洪熙元年（1425），姚广孝的牌位被摆进了太庙。到了嘉靖年间，朱厚熜说：姚广孝虽然功劳大，但是一个和尚怎么能和其他功臣一起享食太庙呢！于是就把他的牌位搬回了双塔寺——此时庆寿寺已经改名为大兴隆寺了。

嘉靖毁寺遗双塔

明正统末年，是双塔寺的鼎盛时期。佞佛的大太监王振对英宗说：庆寿寺已然朽敝，该重修了。正统十三年（1448）二月，明英宗调集军民万人，拨帑金数十万，命太监尚义、工部右侍郎王永和、内官黎贤、主事蒯祥分别管事，工程历时九个月，建成之后"壮丽甲于京都诸寺"，赐名为"大兴隆寺"，"树牌楼，号第一丛林"。王振邀来崇国寺的和尚多人，在新建成的寺庙里大做法会。明英宗亲自来寺内传法，称弟子。据《燕都丛考》记载，"公侯以下趣走如行童"。

明嘉靖皇帝朱厚熜信道，排斥佛教，京师内外毁寺宇、汰尼僧。嘉靖十四年（1535）四月，大兴隆寺失火。于是有御史说："佛者，非圣人之法，惑世诬民。今大兴隆寺之灾，可验陛下之排斥佛教深契天心。"他建议散遣僧徒，迁走姚广孝的牌位，将大兴隆寺改作"习仪祝圣之处"。一个太学生更激烈，上书说：王振修大兴隆寺竭尽百姓膏血，请皇上下令，拆毁所有宦官修建的寺庙。这些呼声正是嘉靖皇帝想要的。嘉靖十五年（1536），大兴隆寺改为讲武堂。姚广孝的牌位，则搬到了新街口附近的护国寺。

后来，嘉靖皇帝又因为演武射箭时金鼓声音太大，"彻于大内"，就将这个地方改为演象所了。演象所，就是训练大象的地方。明朝皇家的仪仗队中，是有多头大象的。"凡大朝会，役象甚多，驾辇、驮宝，皆用之。"平时上朝，用六只立于午门左右，"俟百官入毕，则以鼻相交而立"。大象是很聪明的动物，只有新来的才需要训练，而大象又不是总有新来的，所以，双塔寺这个演象所大部分时间闲着没用，于是就成了新科进士聚会的场所。

明清两代每三年在北京举行一次会试，全国的举子都来参加，会试考中者称贡士，贡士经殿试合格为进士。嘉靖年间，在殿试放榜后的第二天，新科进士便在双塔寺参见两大座主即主考官，"榜首献茶于前，亦可作南宫一佳话"（据明沈德符《万历野获编》）。说到这儿，《四进士》里的毛朋、田伦、顾读、刘题四位进士为何在双塔寺聚齐盟誓，就有答案了。

据《日下旧闻考》说，庆寿寺于清乾隆二十九年（1764）重修后，有殿庑数楹，双塔在寺西偏。寺北稍东有关帝庙，又东北半里许

清朝末年的庆寿寺双塔

有地亦名庆寿寺。这是因为庆寿寺"地本弘敞",但颓废已久,两寺都是后来在原庆寿寺的基址上重建的。

新中国成立之后,为拓宽西长安街马路拆除了双塔。双塔寺的名字,便只留在《四进士》的戏文里了。据说塔下真有四进士的题名,曾有唱戏的老先生前去考证过。

大高殿：嘉靖在此求长生

筒子河北岸，景山与北海之间，景山西街 23 号，有一组老北京
俗称"三座门"的皇家建筑，正门为券洞式琉璃门，基座为青白石须

大高玄殿临街的"三座门"

弥座，中门左右护有汉白玉石栏杆。这就是始建于明嘉靖二十一年（1542）的大高玄殿，清代避康熙帝玄烨名讳而改称大高元殿，后又更名为大高殿。清世宗雍正八年（1730）重修，乾隆十一年（1746）、嘉庆二十三年（1818）再次重修。

1996年，公布为全国重点文物保护单位。

明世宗斋醮之所

大高玄殿是明世宗朱厚熜求仙修道的地方。《燕都丛考》中说："大高玄殿，明世宗斋醮之所也。"

醮，音轿。斋醮，也称"法事"，即道家设坛向神仙祈祷的仪式。"斋"为斋戒、洁净之意，指在祈祷仪式前，必须沐浴更衣、不食荤酒、不居内寝，以示祈祷者庄重虔诚。

在斋醮中，道士们身着精美的道袍，手持各类法器，踏着"罡步"，在古老而悠扬的曲调伴奏之下，吟唱着"赞颂"——对神的赞美诗。这就是道教斋醮科仪，俗称"道场"，也就是道家的"法事"。

整个斋醮过程，包括设坛摆供，焚香，化符，念咒，上章，诵经，赞颂，并配以烛灯、罡步和音乐等程式，以祝告神灵，向神提出自己的诉求：或消灾，或祈福，或祈雨，或求子嗣等等。"赞颂"一般为诗体，或五言，或七言，八句、十句或二十二句不等，有一定的文学元素。斋醮道场为吟唱赞颂伴奏使用多种乐器：打击乐器有钟、磬、锣、鼓，吹奏乐器有笙、管、笛、箫等，音乐含量相当丰富。

明朝时，皇家举行斋醮场面宏大，需要大量道士和道姑。这些道士和道姑也是由宦官和宫女们装扮的。《万历野获编》中说："内官宫婢习道教者俱于其中演唱科仪。"明朝宫廷里设有"三经厂"，其中一个就是道经厂。

最初建成时，大高玄殿内供有三清神像。三清，原指三清境，即太清境大赤天、上清境禹余天、玉清境清微天；后指道家崇奉的三清尊神，即玉清之主元始天尊、上清之主灵宝天尊、太清之主道德天尊。按照道家的说法，三清尊神是天地创造之初的大神。

大高玄殿之东北，有个"象一宫"，中供"象一帝君"范金神像，高尺许，"乃世庙玄修之玉容也"——就是明世宗朱厚熜修道的造型。因为有这尊"玉容"在，所以，一直到万历年间大高玄殿"故得不废"。世宗朱厚熜，那是万历皇帝朱翊钧的祖父。

朱厚熜痴迷道教

正德十六年（1521），三十一岁的武宗朱厚照崩于豹房。这个被史书批评为"耽乐嬉游"导致朝纲紊乱的皇帝没有子嗣，生前也没有立储。于是他的从弟、十四岁的藩王朱厚熜得以进京继承皇位，是为明世宗。

明世宗朱厚熜"好事鬼神、日事斋醮"。因为明朝的皇帝大都不长寿，有几位三四十岁就死了，朱厚熜的父亲也只活到四十四岁。所以，朱厚熜特别想求助道士获得长生之术。据《续文献通考》记载，嘉靖二年（1523）四月，宦官崔文在大内钦安殿设坛斋醮，朱厚熜亲致青词，开始了他的修道活动。嘉靖三年（1524），将龙虎山道士邵元节召进京，让他管辖京城内朝天宫、显灵宫、灵济宫三座道观，总领道教；在西城给他建真人府，岁禄百石，派校尉四十人为他洒扫，赐庄田三十顷，还不要租子。邵元节的父母、孙子、曾孙，分别给了封号、官职。有大臣对此提出反对，结果反被关进了监狱。

嘉靖十年（1531），二十四岁的朱厚熜还没有子嗣，就让邵元节给他做法事求子。"越三年，皇子叠生"——三年之后，皇子一个接一个地出生了。朱厚熜大喜，"数加恩"：拜元节为礼部尚书，赐一品服——道士当了朝廷大官！

朱厚熜南巡，邵元节老病不能跟随，推荐道士陶仲文代替。走到河南卫辉，一股旋风绕驾而过。朱厚熜问：这预示着什么？陶仲文说："主火。"这天夜里，行宫果然失火，烧死了好多宫人，朱厚熜被一卫士从火中背出。细想想，这把火是不是烧得有些蹊跷？朱厚熜反倒更信任陶仲文了，陶仲文的儿子、女婿、从孙都得到了提拔、安排；邵元节死了之后，陶仲文当上了礼部尚书，后来加封少傅、少保，"恩宠出（邵）元节上"。

朱厚熜对道士愈加信任，甚至想让太子监国，他自己"专事静摄"去练功修道。太仆卿杨最上疏劝谏，被拉到午门外廷杖打死；给事中周怡批评他"日事祷祠"，被下诏狱"拷掠长系"；礼部尚书熊浃劝他不要迷信扶乩，"即命削籍"。从此后，大臣再没人敢批评。一些官员投其所好，"争献符瑞"。今天有人献上白兔，明天发现御座上有粒仙丹……

斋醮，是要向上天宣读奏章祝文的。这种奏文要写成骈俪体，对仗工整、文辞华丽，并用红笔写在青藤纸上，所以叫青词。青词大都荒诞不经，例如："洛水玄龟初献瑞，阴数九，阳数九，九九八十一，数数通乎道，道合原始天尊，一诚有感。岐山丹凤双呈祥，雄鸣六，雌鸣六，六六三十六，声声闻于天，天生嘉靖皇帝，万寿无疆。"朝中谁善于写青词，谁就得到提拔重用。写得最让皇帝满意的是严嵩等人，人称他们为"青词宰相"。

大高玄殿就是在这样的大背景下修建的。嘉靖二十一年（1542）四月大高玄殿建成，举行了隆重的奉神大典。朱厚熜对礼部说："朕恭建大高玄殿，本朕祇天礼神、为民求福一念之诚也。"他说建大高玄殿是为了给老百姓祈福。真是说的比唱的还好听！

就在这年十月二十一日夜里，发生了一起震惊朝野的大案：十六名宫女乘朱厚熜熟睡，想用绳子将他勒死。慌乱之中绳子打成了死结，朱厚熜这才保住了一条命。这些宫女为何这么恨他？因为他听信方士的话，通过摧残这些少女获取制造长生不老药"先天丹铅"的原料。宫女们不堪其苦，于是铤而走险。然而朱厚熜并未由此醒悟，反而认为自己大难不死是上天、神仙保佑，是自己斋醮的结果！从此变本加厉地修道、求长生。他从此离开了乾清宫，移居西内，整天跟他的"大师"陶仲文等一起修醮，朝也不上，大臣也不见了。

海瑞直谏下诏狱

朱厚熜一连二十年不上朝，朝政越来越糟。《明史》说："百余年富庶治平之业，因以渐替。"国家越来越穷，老百姓的日子越来越苦。他还不许人批评，有言官直谏，轻则流放，重则下狱，还有的直接被廷杖打死。

嘉靖四十五年（1566）二月，户部主事海瑞上了一道《治安疏》，批评朱厚熜说：陛下"二十余年不视朝，纲纪弛矣。……天下吏贪将弱，民不聊生，水旱靡时，盗贼滋炽"，老百姓们都说："嘉靖者，言家家皆净而无财用也。……天下之人不直陛下久矣"——老百姓已经很长时间认为你不是一个好皇帝了！这话太尖锐了，不能不刺痛朱厚熜。

海瑞的疏中还说：陛下的错误多了，最大的错误就是修醮。修醮不就为求长生吗？您管陶仲文叫师父，如今师父都死了，您还能求得长生吗？

海瑞的这道奏疏让朱厚熜勃然大怒。据说他把奏疏摔在了地下，大叫："快去把海瑞给我抓起来，别让他跑了！"他身边的宦官说："他连棺材都准备好了，不会跑的。"

这时候的朱厚熜身体已十分虚弱，长生之梦已经破灭，精神也垮了。他知道海瑞说的话是对的，但他无法容忍如此尖锐的批评，还是下令把海瑞关进了监狱。

就在这年十二月十四日，朱厚熜死了，享年五十九岁，比起明朝其他的皇帝，还算是活得长些。他在遗诏中说："朕以藩王入继大统，获奉宗庙四十五年。深惟享国长久累朝未有，乃兹弗起，夫复何憾？"——我一个藩王继承了皇位，坐享天下四十五年，不遗憾了。我本来也想敬天勤民来着，"只缘多病，过求长生，遂至奸人乘机诳惑；祷祀日举，土木岁兴，郊庙之祀不亲，朝讲之仪久废，既违成宪，亦负初心。迩者，天启朕衷，方图改辙，而遽婴疢疾"。最近一段时间，

大高玄殿东牌楼及东侧木阁

我想明白了，也想改了，却病倒了。"每一追思，益增愧感。"

遗诏是他身边的大臣写的，可能也是他的心里话吧。古人贵"朝闻夕死"，朱厚熜醒悟得虽然晚了些，但他这些话对后人还是有一定启示作用的。

继承皇位的，是朱厚熜的儿子朱载垕，是为穆宗，年号隆庆。穆宗即位后，释放了海瑞。

朱厚熜痴迷道教、妄求长生，既害了自己，也祸害了社稷和天下百姓。今天看到这座大高玄殿，就会让人联想起朱厚熜生前做的那些愚蠢的事。

大高玄殿至今已经四百七十余年了，格局依然完好。琉璃瓦还是那样熠熠闪光，彩绘还是那样颜色鲜艳。象征天圆地方的两层乾元阁，攒尖屋顶，覆以蓝琉璃瓦，象征天；下为方形，覆以黄琉璃瓦，象征地。乾元阁顶的藻井非常精美，中间是一条腾云驾雾的巨龙，周围则是围绕一圈小龙，向后人显示着大高玄殿的尊贵和皇家气派。大高玄殿诸建筑内的彩绘和门窗均为清朝最后一次修复时候的原件，原汁原味地保持着帝王家的风范，尤其是这架乾元阁内的金龙藻井，富丽堂皇，无与伦比。

永安寺：巍巍白塔靓京华

　　北京城中轴线之西，有个醒目的建筑——白塔。它高高地矗立在北海公园的白塔山上，为北京城美丽的风景锦上添花。说起这座白塔，北京人没有不知道的；但要说起北海的永安寺，知道的人恐怕就不多了。其实，北海的白塔，是永安寺的一部分。《三海见闻志》说，"永安寺为金源琼华岛，踞太液池中"。所以，要说永安寺，须从琼华岛说起。

琼华岛元代称万岁山

　　北京城里有两座山，一座是北海的白塔山，一座是故宫北面的景山。两座山都是人工堆起来的。白塔山在清朝顺治以前没有白塔的时候，叫作万岁山或万寿山；在它刚堆起来的时候，叫琼华岛，又名

北海永安寺

"瑶屿"。

明永乐中，朱棣曾带着他的孙子朱瞻基游琼华岛，朱棣对他孙子说："此宋之艮岳也。"

艮岳是北宋都城汴梁东北隅的一座小山，是宋徽宗时期花费五年时间人工堆起来的。"山周十余里，高一峰九十步"，遍植珍奇花木，广置玲珑美石，亭台楼观，不可胜纪，珍禽瑞兽，应有尽有。此山初名万岁山，后改名艮岳、寿岳，或连称寿山艮岳。万岁山为何又叫艮岳？因为此山位于宫城东北隅，而艮在八卦中位于东北。按照道家的说法，在都城的这个位置有座山，有利于皇室的子孙繁衍、福寿绵长，所以称其为寿岳、万岁山。

那这"艮岳"又怎么到了北京的呢？金朝将都城由黑龙江上京迁到燕京，按照北宋都城东京汴梁的宫室制度对辽南京城进行了改扩建。既然汴梁有座艮岳，那么燕京也不能少。但是燕京城即使扩大了，也嫌地方太小，于是就在燕京城东北方开挖高粱河，堆起了一座小山，这就是琼华岛，然后将艮岳的花木奇石搬运到了琼华岛上，并仿照艮岳，在琼华岛上建起了一座座宫殿楼台。琼华岛之巅建起了一座广寒殿；山下建起了太宁宫（后更名为万宁宫）。

清乾隆帝《过曲涧花香游流杯亭日知阁诸胜诗》中说："琼华万玉堆，太液千夫凿。"这意思很清楚：琼华岛是人工堆起来的，太液池是人力挖出来的。乾隆九年（1744）《御制悦心殿作》诗中，在"摩挲艮岳峰头石，千古兴亡一览中"二句自注道："琼华岛，金人取宋艮岳石为之。"

蒙古人南下灭了金朝，成为北京地区的主人。战乱过后金中都毁坏严重，元人便以琼华岛为中心新建大都城。史料记载，至元元年（1264）二月，元世祖忽必烈"浚太液池，峙万岁山"，并重建广寒殿。所以朱棣对他孙子说："此宋之艮岳也。"琼华岛之巅的广寒殿，在明万历年间彻底倒塌了。

朱棣给他孙子讲琼华岛的历史，目的是让他的后人不要重蹈历史的覆辙，敬天爱民，不忘初衷，但他的后人遵循了没有呢？历史已经做出了回答。

诺木汗请建白塔寺

《日下旧闻考》中大臣们说："琼华岛周围计二百七十四丈，旧有广寒殿，相传为金章宗时李妃妆台遗址。元改万寿山，又称万岁山。本朝顺治八年（1651）立塔建刹，称白塔寺，今易名永安寺。"

永安寺是清顺治年间北京城新建的三座寺庙之一。另两座是普胜寺和普静禅林。普胜寺位于皇城的东南角，即今天的欧美同学会；普静禅林即东黄寺的前身。康熙皇帝在《重修东黄寺碑记》中说："当顺治年间，有西域缁流以祝国佑民为请，爰奉俞旨，创建兹刹。"

这三座寺庙的兴建，都与一个黄教喇嘛有关，他就是诺木汗。

《顺治八年建塔诸臣恭记碑文》中说："（顺治）皇上亲政以来，拳拳以爱养斯民为念，是以雨旸时若，岁称大有。……有西域喇嘛者，欲以佛教阴赞皇猷，请立塔建寺，寿国佑民。奉旨：果有益于国家生民，朕何靳此数万金钱为？故赐号为诺木汗，建塔于西苑之高阜处。"

由此得知：北海白塔山上的白塔，是应这个叫诺木汗的喇嘛之

235

请而得以建造的。《雍正十一年重修碑文》中，再次确认了这一事实："白塔在皇城西北隅，创自顺治八年辛卯，世祖章皇帝从喇嘛诺木汗所请而俾之驻锡结香、啤呗祝釐者也。"

诺木汗何许人也，竟然有这么大的能量？

诺木汗也作诺门汗、脑木罕，原名叫色钦曲杰，教名金巴嘉措，是青海塔尔寺巴珠第一世活佛，蒙古地区藏传佛教格鲁派的领袖。在拉萨大昭寺，他被称为巴周活佛，五世达赖封他为伊拉古克三呼图克图。呼图克图，意思即转世活佛；诺木汗，是蒙古语"法王"的意思。这个封号一说是皇太极封他的，而据顺治八年建塔碑文，则是顺治给他的。

在清朝入关之前的崇德七年（1642），诺木汗便作为五世达赖和四世班禅的代表，远赴盛京去见皇太极，受到皇太极优厚款待。在盛京逗留八个月后返回西藏，皇太极派出了大臣随他一起进藏。西藏宗教上层由此和清朝统治者建立了密切联系。诺木汗本人，也取得了皇太极的信任。皇太极奉他为上师，听从他的建议，于崇德八年（1643）动工，在盛京东南西北各建一座黄教寺庙、立一座覆钵式白塔，据说可使"国家一统"。

后来清朝果然实现了国家一统，愈加信奉黄教。对诺木汗的请求一概应允，一说修庙，立拨万金。普胜寺、普静禅林和白塔寺，就是这么修建的。建造白塔，据说是为了"寿国佑民"，或许，诺木汗私下还有更能令顺治信服的理由。在邀请达赖五世来京一事上，诺木汗也发挥了重要作用。这就是为什么安排达赖驻锡在他的普静禅林了。正是为表彰诺木汗协助朝廷联络西藏宗教上层的功绩，顺治皇帝封他为"彻辰（也作车臣）国师"，免顶戴花翎，在朝中上班，于大内行走。

顺治十四年（1657），诺木汗活佛在库伦圆寂，遗骨葬在库伦的伊很腾格里庙的诺木汗塔下。

巍巍白塔立京华

永安寺依山就势，坐落在琼华岛的南坡。山门开在山脚，白塔立于山巅。乾隆在他的《御制塔山南面记》中说："（团城）承光殿之

永安寺山门

北，跨太液为桥，南北各有坊。南曰积翠，北曰堆云，过堆云坊即永安寺。"乾隆没有提及桥两端牌楼前的石狮子：桥南的狮子头朝南，桥北的狮子头则面朝北，冲着永安寺山门。北京有句老话说："永安寺的狮子——头朝里。"意思是与众不同。

入山门后的第一重佛殿是法轮殿，殿前有钟、鼓二楼，殿内供释迦牟尼、八大菩萨和十八罗汉。过法轮殿之后沿石磴拾级而升，地势稍平缓处立有左右二亭，一曰引胜，一曰涤霭。引胜亭内有石碑一块，上面镌刻着乾隆题写的《白塔山总记》，是由汉、满、蒙古、藏四种文字分别刻录在石碑的四面。西面的涤霭亭内也有石碑一块，上刻乾隆写的《白塔山四面记》。引胜、涤霭亭后各有一块奇石：东侧为昆仑石，西侧为岳云石。昆仑石正面"昆仑"二字为乾隆手书，背面还刻有他写的一首诗。后面是太湖石叠筑的岩洞。乾隆文中说这些石洞"玲珑窈窕，刻峭崔巍，各极其致，盖即所谓移艮岳者也"。"洞之上，左右各有亭覆之，曰云依，曰意远。"穿过石洞继续上行，"平处为佛殿，前曰正觉，后为普安。两厢各有殿，东曰圣果，西曰宗镜"。

普安殿面阔五间，殿内供奉着西藏密宗黄教始祖宗喀巴及其两大弟子：根敦朱巴和克珠杰。东西两侧是密宗的八大护法神。

从普安殿后"陟石阶将百磴，即山顶。白塔建于此。塔前琉璃佛殿曰善因"。《日下旧闻考》中的大臣们说，"善因殿里供梵铜佛像"，即藏传佛教的护法神大威德金刚。

乾隆说："考《日下旧闻》，山顶为广寒殿，盖即建塔之所。山中为仁智殿，则今普安佛殿是。""其下为藏信炮之所，八旗军校轮流守之。”白塔下有信炮，乾隆认为这是“国初始定燕京，设以防急变者”。乾隆说，雍正年间曾重申明令，发放信炮要凭大内发出的金牌。乾隆思忖道：如果真有事，等金牌到达白塔山下再发炮，“其失守已多矣”！那么信炮的设置，恐怕不是为了实战，而是“睹此知惧，懔天命，畏民岩，戒盛满之志，系苞桑之固”。简而言之，就是用摆放着的信炮提醒统治者：要居安思危、时刻不能松懈。

这座白塔高 35.9 米，下为高大的砖石台基，塔座为折角式须弥座，上有三层圆台（金刚圈），其上承托覆钵式塔身。正面有壶门式眼光门，门内刻有藏文咒语。塔身上部为细长的十三天，上为两层铜质伞盖，边缘悬铜钟 14 个。最上为镏金火焰宝珠塔刹。塔内贮藏佛教法物。康熙十八年（1679）、雍正九年（1731）因地震损毁，先后重建。1964 年和 1977 年两次修缮。1977 年修缮时，塔内主心木中发现一个二寸见方的金漆盒子，盒盖绘有太极图，内藏有佛舍利。

蓝天之下，白塔巍巍，矗立至今近三百七十年的白塔，已经成为北京城中一道亮丽的风景，一座不可或缺的标志性建筑。

阐福寺：大佛殿里立大佛

　　北海公园北岸西侧，前后错落排列着大小不等的五座亭子。亭子之北，高台阶之上，坐落着一座门，门上高悬蓝色匾额，三个金字为：阐福寺。有史料记载，清乾隆年间，每到新年元旦，皇帝都要来阐福寺进香，然后回到建福宫，铺纸挥毫，书写"福"字，以迎接新年。这些"福"字将被赏赐给王公大臣。得到赏赐之人，双手捧"福"而归，喜不自胜。

　　清宫的这种风俗当是在乾隆十二年（1747）以后，因为阐福寺建成于乾隆十一年（1746）八月。

五龙亭北建佛宇

　　北海北岸，前临一泓太液池水，南望金鳌玉蛛桥，左看葱茏秀丽

阐福寺山门

之琼华岛，风景宜人。明天顺二年（1458），重新登上皇位不久的英宗朱祁镇，命人在这里建起一座泰素殿。这座宫殿全部用金属锡做材料，所以又叫"锡殿"，因为专门用来避暑，故而也叫"避暑凉殿"。据《宸垣识略·皇城》中说，太液池北，明朝建有泰素殿，后有草亭，左右轩临水，前有亭，后有石坊，"中有锡殿，以锡为之，不施砖甓"。

大概 15 世纪的铸造工艺尚不大精湛，因而这"锡殿"建造得比较粗糙，也可能不大坚固，日久天长已经破败。清顺治八年（1651），泰素殿等建筑被拆除，在原址上建起了五座亭子。

五座亭子俱为方形，皆为绿琉璃瓦顶，黄瓦剪边，檐下梁枋施小点金旋子彩画，绚丽多彩，金碧辉煌。位置前后错落，之间有桥与白玉石栏杆曲折相连，宛若游龙，故称五龙亭。五亭中位于中央的龙泽亭最大，亭顶为重檐攒尖顶，下方上圆，寓意"天圆地方"；东边两亭名为澄祥、滋香，澄祥亭为重檐，滋香亭为单檐；西边两亭名为涌瑞、浮翠，也是一为重檐、一为单檐。龙泽、滋香、浮翠三亭石岸下有单孔石桥一座，通向北岸。五亭伸入湖面，四面环水，八面来风，可垂钓，可赏月，可饮筵，可品茗，是夏日消暑纳凉的绝好地方。

五龙亭之北，原有建于明代的一处"爽垲轩豁"的闲馆。据乾隆皇帝在碑文中说，康熙年间，每年盛夏，太皇太后（即孝庄太后，博尔济吉特氏）便住在这里。据高士奇《金鳌退食笔记》记载，康熙皇帝听政退朝之后，便驾小舟来向太皇太后问安，或陪着他祖母在亭中用膳，享受着"四面荷香"和湖面微风送来的清凉。

看来孝庄是很喜欢这里的。她死后，灵柩下葬之前就停放在五龙亭北的建筑里。此后，这里"遂相沿为内廷迁次之所"，成为皇家办丧事停灵的地方。

乾隆七年（1742），先蚕坛在五龙亭之东、太液池之东北隅落成。乾隆帝的母亲来先蚕坛祭祀蚕神之后说，先蚕坛周边应该十分洁净才对。五龙亭离先蚕坛很近，北边的闲馆可改建为佛宇。乾隆帝遵照其母后的懿旨，拨内帑在龙泽亭正北建起了一座寺院，乾隆十年（1745）三月动工，十一年（1746）八月告成，名之为阐福寺。

阐福，有"阐明何为福德"之意。乾隆帝在碑文中说，"生人生物，凡诸福德，各各具有，亦各具足"——意思是说，世间万物都各有自己的福德，而且也都得到了。但是，众生不满足已经得到的，而是"唯以各得所欲为福。未得求得，已得求益，无忧餍足"，认为得到自己想要的才是福，得到了之后，还不满足，希望得到的更多，于是就产生烦恼甚至祸患了。那应该怎样呢？只有"善根深固，一心信向，正知正见，屏诸邪杂，咸得福庆，安乐老寿，满所愿欲"——说穿了就是听天由命、满足现状，不要有非分之想。否则，"备诸苦恼，亦其自取"。作为统治者，乾隆帝当然希望他的百姓人人安于现状、没有任何妄念。

乾隆帝在碑文中说，他建造这座寺院，"上为慈圣祝釐，下为海宇苍生祈佑"。

佛殿仿照大悲阁

阐福寺又名大佛寺，因大佛殿中供奉的身高数丈的大白伞盖佛母而得名。相比其他庙宇，阐福寺殿堂不是很多，进山门便是天王殿，天王殿后就是大佛殿。据《日下旧闻考》载，大佛殿重宇三层。上层恭悬御书额曰"大雄宝殿"，中曰"极乐世界"，下曰"福田花雨"。大佛殿中，原供奉着一尊以整棵金丝楠木大料雕刻而成的佛像——大白伞盖佛母。这尊佛母像"金碧照耀，冠于禁城诸刹"，通体嵌满珠宝，千手千眼，"高丈六者三倍之"。

《日下旧闻考》说，阐福寺的大佛殿"规制仿正定隆兴寺"而建。

正定隆兴寺别名大佛寺，位于河北省石家庄市正定县城东门里街，始建于隋文帝开皇六年（586），初名龙藏寺，唐代改称龙兴寺。北宋开宝二年（969），宋太祖赵匡胤驻跸正定（当时称镇州），敕令于隆兴寺内重铸大悲菩萨金身，并建大悲宝阁。开宝四年（971）兴工，至开宝八年（975）落成。

243

大白伞盖佛母像（局部）

大悲阁高 33 米，面阔七间，进深五间，为五重檐三层楼阁。旧名"佛香阁""天宁观音阁"。阁内矗立铜铸大悲菩萨，高 19.2 米，立于 2.2 米高的须弥石台上。菩萨周身有四十二臂，分持日月、净瓶、宝塔、金刚、宝剑等。

阐福寺大佛殿仿照正定隆兴寺大悲阁而建，可知大佛殿的高度与大悲阁相差无几。乾隆帝于乾隆十一年（1746）去过正定隆兴寺。乾隆十二年（1747）《御制阐福寺大佛殿诗》中说："忆我去年巡冀野，时则十月星乃辰。隆兴古寺问象教，佛香高阁瞻金神。屏息不能一词赞，倚栏聊息尘中身。归来落成值此寺，是一是二徒云云。"就是说，两座建筑的规模不相上下。

光绪二十六年（1900），外国人用镜头记录的阐福寺大佛殿

大佛殿毁于兵祸

　　乾隆二十四年（1759），乾隆帝下令将阐福寺东侧的明代经厂加以改扩建，名为西天梵境，又称大西天。

　　西天梵境坐北朝南，前有四柱七楼琉璃牌坊一座，南临太液池。南向额为"华藏界"，北向额为"须弥春"。山门为歇山黑琉璃黄剪边顶仿木结构券门，三座门之间有琉璃墙，中间门额为"西天梵境"。门内东西为钟鼓楼，重檐歇山调大脊，灰筒瓦绿琉璃瓦剪边顶。后为

阐福寺大佛殿遗址

天王殿，歇山调大脊，绿琉璃瓦黄剪边顶，殿内左右立四大金刚。殿外东西各有一座石幢，东边的刻《金刚经》，西边的刻《药师经》。

天王殿后为大慈真如殿，建于明万历时，殿五间，为重檐庑殿顶，黑琉璃瓦黄剪边。该殿全部为楠木建成。殿内供奉铜佛，佛前有铜塔二座，木塔二座。木塔即为铜塔之模型。

乾隆皇帝为给他母亲庆祝八十大寿、为自己庆祝六十大寿，于乾隆三十三年（1768）在阐福寺之西敕建极乐世界殿和万佛楼，乾隆三十五年（1770）建成，称之为小西天。

极乐世界大殿是国内最大的方亭式宫殿建筑，总面积为1200平方米，其横梁跨度为13.5米，内有须弥山一座，山上226尊菩萨、罗汉佛像林立，山间丛林古刹、宝塔耸立，仙鸟神兽、奇花异卉、河流瀑布交相辉应，山下绘满海水，以象征佛界的普陀胜境。大殿外四面环水，有桥可通，东西南北各有一座琉璃牌坊，四角各有一座小亭。大殿前有道月牙河，河上架有一座雕栏玉砌的汉白玉拱桥。整体建筑气势磅礴，宏伟壮观。

万佛楼在极乐世界殿北面的院子里，楼高27米，三层七开间，每层楼内均有数千佛龛，里面供奉大小不一的佛像。据《万佛楼极乐世界陈设档》记载："实有佛像一万二百九十八尊。"乾隆皇帝在万佛楼成瞻礼诗中标注："建楼范佛以纪庆典。内外王公、大臣亦有请铸佛像为祝者，统以万计，并奉楼中，因以万佛名楼。"就是说，一万多尊佛，都是王公大臣送给皇帝和皇太后的寿礼，全部收藏在这座楼里了。夏仁虎有诗咏这件事："万佛楼成万寿辰，寿金先为铸金身。一官一佛臣工献，媚佛还须媚一人。"

　　小西天建成后，阐福寺和大小西天在北海西北隅形成佛教建筑群。有清一代，每年正月十五的元夕之夜，王公大臣、皇亲国戚，都在阐福寺前五龙亭畔看灯火、唱秧歌、跳鲍老、吃元宵。直到清末，每逢重大节日，慈禧太后都会来此烧香礼佛。庚子事变，八国联军铁蹄践踏北京城，寺庙内奇珍异宝惨遭洋兵洗劫。1919 年，大佛殿着火，整座大殿连同大白伞盖佛母尽被焚毁，仅剩天王殿及大佛殿前的两座石碑。据说是驻扎在殿里的袁世凯军，做饭不小心失的火。有人推测，庚子之后，大佛身上还有不少珍宝，尽被袁兵窃取，放一把火，其实是为灭迹。

　　如今，大佛殿和万佛楼遗址已经被重新修整为北海植物园，种植了许多珍奇花卉，春夏时节，花开满园，争奇斗艳。植物园还经常举办各种花卉展。大西天和小西天也在重修后恢复开放，成为北海公园内一处重要的景点。

西什库堂：曾被围困两个月

西安门府右街以北，明正统年间曾有十座皇家仓库，因此得名西什库大街。清朝末年，这里盖起了一座哥特式建筑的天主教堂，因为位于皇城西北，人称"北堂"，以区别于宣武门的"南堂"。说起北堂的历史，真可谓屡经磨难呢。

康熙帝赐建天主堂

康熙三十二年（1693），清圣祖玄烨病了。忽冷忽热，冷起来好像身陷冰窟，冻得浑身发抖；热起来如坐蒸笼。御医来诊过脉后，说："陛下得的这是疟疾。"几服中药吃下去不见好转。

疟疾，是一种由蚊子传播、因疟原虫导致的传染病。得这种病痛苦不说，还会因为并发症而丧命。见皇帝被折磨得痛苦不堪，御医们束手无策，心惊胆战。

康熙忽然想起，法国传教士白晋（Joachim Bouvet）、张诚（Jean Francois Gerbllon）跟他说起过：欧洲有一种药，治疗疟疾有特效；这种药叫奎宁，又叫金鸡纳树皮粉。他立刻叫人把张诚等人召了来。

白晋、张诚等法国传教士是法国皇帝路易十四派到中国来的，康熙二十六年（1687）到达北京，一共五个人，领头的叫洪若翰（Jeande Fontaney）。康熙皇帝很喜欢接触这些法国传教士，每天都要抽出一些时间和他们交谈，向他们学习数学、地理、天文等知识。康熙也派了一些文官、大学士，教这些法国传教士学习中文和满文。

张诚等人带着奎宁来了。但太医院的御医对这种药一无所知，不敢让皇帝冒险服用。法国传教士罗迪斯是药剂师，一再强调奎宁没有毒性，但他也不敢保证确有疗效。康熙病情越来越重，他强令御医给自己服用奎宁。

服下奎宁之后，康熙的病情开始好转，并逐渐痊愈了。为了答谢法国传教士的治病之恩，康熙皇帝赐给他们土地和资金，批准他们建一座教堂。

康熙四十二年（1703），一座宏伟的哥特式建筑在三座门以南的蚕池口附近落成了。它是由意大利传教士、建筑家吉雷迪尼（Giovanni Ghemrdini）设计，清廷工部营造的。这所教堂便是今天西什库教堂的前身，名为救世堂。

1703 年 12 月，新教堂举行了隆重的落成典礼。南昌、杭州、武汉、南京、广州、福州等地的外国传教士都派人来祝贺。翌年 1 月，洪若翰兴奋地写道："这幢宏伟的西方古典风格的天主教堂，是中国

人以前很少见到的。它吸引着人们的注意。我们可以抓住这一有利时机，宣传我们神圣的宗教了。"（据《传教士书简集》）

命运多舛的北堂

不是所有中国人都喜欢洋教。清朝中叶，由于民间反对天主教的势力并与教会不断产生摩擦，道光七年（1827），清政府查封了蚕池口天主教堂，并拆毁了大堂、没收了全部教产。

咸丰十年（1860），英法联军侵入北京，迫使清廷签订《北京条约》。根据条约中有关条款，清廷退赔了没收的教堂财产，准许教会在原址重新建造。同治四年（1865）新堂落成，比原先还要高大，钟楼高达八丈四尺，可以俯瞰禁苑，这让清廷深感不安。

光绪十一年（1885），慈禧准备归政，打算住在西苑（中南海）中养老。清廷借口西苑地势狭隘，在老醇亲王奕譞的主持下，派李鸿章出面，以西安门内西什库地方易地建堂。在清廷重金赏付下，法国传教士于光绪十三年（1887）十月三十日将蚕池口北堂交出。清廷在西什库"赐地二十英亩（合八万余平方米），后复给英金七万五千镑"建造新教堂。光绪十四年（1888）新教堂在西什库今址落成，富丽堂皇，一时无比。

光绪二十六年（1900），义和团运动如燎原大火烧进北京城。痛恨洋鬼子的义和拳民在清廷一些王公大臣的资助、鼓动下，烧教堂、杀教民、攻打各国使馆。"自五月十七日（6 月 14 日）起，义和团群众连续在右安门内、崇文门内、宣武门内和正阳门（前门）外，烧毁

西什库教堂（朱天纯提供）

外国人的教会设施，火势蔓延，正阳门外发生了连续三天的大火。"
（胡绳《从鸦片战争到五四运动》）

6月15日傍晚，由端王载漪所率领的一队义和团包围了北堂。此时东西南三座天主教堂悉被焚毁，只有北堂尚存。6月17日，董福祥的正规军也来助攻，并拖来了十四尊炮。义和团加清军，有好几千人。而此时北堂里只有法国水兵三十人，意大利水兵十人，法国传教士十三人，女传教士二十人，还有手无寸铁的中国教民三千二百人。

教堂内储存的粮食半个月就吃光了，教堂内干活儿的驴骡和战马都被杀了充饥，到后来开始吃院内的树皮和野草。指挥官和副指挥官以及教堂的主教陆续战死，但是教堂竟然固守两个月没有被攻破。

《都门记变百咏》中有一首专咏此事："天主堂高遍地烧，无如西什库坚牢。讹言中有人皮阵，破法须用狗血漂。"末后两句是说，西什库教堂久攻不下，是因为里面以人皮为阵，军机某章京献计说，必须要用黑狗血喷射才能破其人皮阵。（见《清朝野史大观》卷四）

8月16日，八国联军攻陷北京，西什库教堂才被解围。庚子议和后，清政府出资，重修了被炮火严重损毁的西什库教堂建筑，形成了今天我们所见到的西什库教堂的建筑群。

1958年，西什库教堂上缴国家，教堂收藏的教会藏书，各语种的早期印刷图书和文献，移交图书馆收藏。

1985年中国拨款重修西什库教堂，恢复了正常的宗教活动。修缮一新的北堂，更加光彩夺目，成为北京城最绚丽的教堂之一。

华美的中西合璧建筑

西什库教堂是一处中西合璧的建筑。主体建筑为一座三层哥特式建筑，顶端由 11 座尖塔构成，建筑平面呈"十"字形，建筑面积约 2200 平方米，钟楼高 16.5 米，尖端高约 31 米，曾经是北京内城最高的单体建筑。教堂正面有三个尖顶拱券形入口，入口拱门之间雕刻有圣若望和圣保罗等四圣像。建筑正立面上的门窗均用汉白玉石刻装饰，正门中央主跨上有一扇瑰丽的圆形玫瑰花窗，礼拜堂四周则有大小不一的 80 面玻璃花窗。

围绕哥特式教堂建筑的是传统的中式台基，环以汉白玉栏杆，栏杆和栏杆上的装饰均为传统的中式设计。堂前东西两侧各有一座碑亭，为黄顶琉璃瓦重檐歇山顶设计，亭内矗立两通石碑。东碑亭内为光绪十四年（1888）上谕碑，西碑亭内为迁建天主堂碑记，两碑均为双龙首龟趺。

进入教堂仿佛来到了另一个世界，一根根金绿相间的柱子拔地而起，支撑起金红条纹装饰的淡黄色天花板，尽显哥特式建筑的神秘、华丽；尖肋拱顶、束柱、玻璃彩窗等典型的装饰手段营造出了天主至高无上的神圣氛围。

祭台两侧有着很多小房子，其中有告解室、主教休息室等等。教堂的花窗十分有特色，有北京各处的名胜、中国的民众、宗教故事等，拉近了与中国民众的距离。其中一扇花窗表现的内容很有意思：圣母穿上了清朝皇太后的旗装，圣婴被打扮成清朝的小皇帝，表现了西方传教士为示好清廷促进宗教传播花费的不尽心思。

除了主体建筑，西什库教堂还有面积很大的附属建筑群，包括图书馆、后花园、印刷厂、孤儿院、医院以及光华女子中学、若瑟修女院等。

天庆宫：元都胜境刘元塑

西安门大街路北、西什库天主堂东，有一条"刘兰塑胡同"。胡同北头，原有一座天庆宫。《顺天府志》记载："天庆宫，旧为元都胜境，在弘仁寺西。"

刘銮？刘元？刘兰？

《日下旧闻考》中大臣们说："元都胜境建于元代，因内有刘銮塑像，其地因之得名。本朝乾隆二十五年（1760）重修，赐名天庆宫。前殿额曰'泰钧'，后殿额曰'统元'，皆（乾隆）皇上御书。"

清人高士奇所著的《金鳌退食笔记》中说："玄都胜境在弘仁寺西，建于元，相传为刘元塑像。"

刘兰、刘銮、刘元，是三个人吗？乾隆皇帝认为是两个人。他在乾隆二十七年（1762）写的《天庆宫像刘銮塑诗》中说："南雕北塑古所传，大都神塑犹存元。名手刘姓元与銮，东岳传换称元贤。兹天庆像銮坯埏，栋宇剥落像巍然。"这六句诗说：南人的玉石雕刻、北人的塑造神像，都是由来已久的，而北京的神像塑造还有元大都时代留下来的，高手名叫刘銮、刘元；东岳庙的神像是刘元塑造的，这座天庆宫里的神像是刘銮塑造的，梁栋屋宇虽然都已经破损，但神像依旧巍然。

既然皇帝说刘銮、刘元是两个人，清朝的大臣们只能随着说：天庆宫的神像是刘銮塑造的，刘元跟刘銮不是一人。清人吴长元《宸垣识略》也持此说："元（玄）都胜境……建于元初。乾隆二十五年（1760）重修，赐名天庆寺，有御书题额并刘銮塑像诗。"清代官员、学者毕沅（1730—1797）也在他的《天庆宫观刘銮塑像》诗中说："北方塑设技最工，阿尼哥与刘元同。惟銮成佛亦妙手，遗像尚留天庆宫。……道园别有《正奉记》，是銮非元宁相蒙。君不见《陵川集》语可证误，四贤祠内先有刘銮塑。"

将刘銮与刘元分为两人，始于元代郝经的《陵川集》："燕有四贤祠，其像塑自刘銮。"明末清初人周篔据此判定刘元、刘銮是两个人。清代的君臣于是也跟着这么说。那么"刘兰塑"的地名，显然是从"刘銮塑"演变过来的。

笔者认同高士奇说：刘銮、刘元是一人。

郝经，生于 1223 年，卒于 1275 年。

刘元，大约生于 1240 年，卒于 1324 年。

刘元的老师阿尼哥，生于 1245 年，卒于 1306 年。

三个人可以说是同一时代人。郝经 1275 年卒于大都时，刘元已经三四十岁，艺术已经成熟。所以，刘銮与刘元当为同一人，因发音相近而误。

刘元抟换是高手

元人陶宗仪在《南村辍耕录》中，最早记述了刘元生平及其塑像的方法。《元史·方技》中关于刘元的文字，主要摘录于《南村辍耕录》：

刘元，字秉元，蓟之宝坻人，官至昭文馆大学士、正奉大夫、秘书监卿。元尝为黄冠，师事青州把道录，传其艺非一，而独长于塑。至元七年（1270），世祖建大护国仁王寺，严设梵天佛像，特求奇工为之，有以元荐者。及被召，又从阿尼哥国公学西天梵相，神思妙合，遂为绝艺。凡两都名刹，有塑土范金，抟换为佛，一出元之手，天下无与比。所谓抟换者，漫帛土偶上而髹之，已而去其土，髹帛俨然像也。昔人尝为之，至元尤妙。抟丸又曰脱活，京师语如此。

这段文字说，刘元，是蓟之宝坻（今属天津）人，曾经当过道士，跟青州的道长学到了许多本领，其中以雕塑最为擅长。至元七年，忽必烈建大护国仁王寺（在今西直门外高梁河畔），寺中要塑造佛像，征召天下的能工巧匠，有人推荐了刘元。刘元到大都后，结识了来自尼泊尔的大师阿尼哥，又跟他学习了西方塑造佛像的手法，技艺越发精湛。此后，上都和大都两城知名寺庙里的神佛塑像，凡是出于刘元之手的，"神思妙合，天下称之"。《元史》中说，他塑造的上都三皇庙里的塑像，"尤为古粹"，"识者以为造意得三圣人之微者"，意思是细微之处准确表现出了三位古代圣人的神态。

陶宗仪还简要介绍了刘元塑造佛像的"抟换"手法：先用泥土制成胎，外面裹上帛，在帛上用材料细致加工，然后把里面的泥土弄出来，塑像就完成了。这个方法是中国古代流传下来的，到刘元这里技术越加完善。

《元史》中说，刘元官至昭文馆大学士、正奉大夫、秘书监卿，以寿终。元仁宗爱育黎拔力八达（1311—1320 年在位）曾专门下诏给刘元："非有旨不许为人造他神像。"

清乾隆年修的《宝坻县志》，对刘元有较为详细的记载。

东岳塑像称绝艺

《元史》记载，刘元为大都南城东岳庙里塑造的泰山大帝——仁圣帝像，"巍巍然有帝王之度，其侍臣像，乃若忧深思远者"。据说在塑造侍臣之前，刘元想了很长时间，不知从何下手。后来在翻阅秘书图画时，发现了一幅唐朝魏徵的画像，眼前豁然一亮："得之矣！非若此，莫称为相臣者！"马上回到庙中着手塑造，一天就完成了。士大夫们看了之后，没有不赞叹的。

据《析津志》记载，"岳庙：南北二京有四处，一在燕京阳春门，无碑；一在长春宫东，有礼部尚书元明善所撰碑文；一在燕京太庙寺西，有王澹游所撰碑文；一在北城齐化门（即朝阳门）外二里

东岳庙

许，……有翰林学士赵孟頫子昂奉敕撰张上卿道行碑"。

按明朝人刘侗、于奕正所著的《帝京景物略》记载，《元史》中说的东岳庙就是朝阳门外的东岳庙。乾隆皇帝的诗中不是说"东岳抟换称元贤"，那么东岳庙中的塑像肯定是刘元所塑无疑了。《析津志》中说："其庙宇神像，翚飞伟冠，实为都城之具瞻。致其巧思，特出意表，真一代绝艺也。"《元史》称刘元"绝艺"，此处称东岳庙神像为"绝艺"，除非刘元，再没有第二人了。可惜康熙年间一场大火，把刘元的"绝艺"烧光了！

天庆宫里的塑像什么样？高士奇的《金鳌退食笔记》中是这样介

绍的："正殿乃玉皇大帝，右殿塑三清，仪容肃穆，道气深沉。左殿塑三元帝君。上元执簿侧首而问，若有所疑。一吏跪而答，甚战栗。一堂之中皆若悚听严肃者。神情动止，如闻声咳，真称绝艺。"用"栩栩如生"来形容这些雕塑，已经觉得太苍白乏力。高士奇说，站在这些塑像前面，你仿佛能听到它们的呼吸声！这才是"绝艺"！

《元史》中说："其（刘元）所为西番佛像多秘，人罕得见者。"这指的是藏传密宗佛教中那些欢喜金刚、胜乐王佛、大威德金刚、玛哈嘎拉神之类的塑像吧。

刘元从至元七年（1270）进大都从事塑造，到1324年离世，五十多年的时间里在中国大地上塑造了许多精美的神像。如山西晋城泽州县玉皇庙中，有刘元所塑二十八星宿像；天津宝坻广济寺中的三大士像，据说也为刘元所塑。这些造像都是元代雕塑的杰出作品。大多数精美的塑像则毁于战火、动乱，而侥幸遗存的又缺少文字记载，很难将它们与刘元联系起来罢了。

据《宸垣识略》记载，天坛东北、慈源寺东数百步，曾有座姚彬关王庙，相传是元代建的崇恩万寿宫，"殿中塑像甚古"。这一组雕塑中，一个叫姚彬的想盗走关公的赤兔马，被擒获绑缚；身着戎装的关公满脸怒气地瞪着他，关公手下的七个侍将也一齐怒视他，他"反面色不屈"。捆绑他的侍将仰望着关公，等候下一步指令。那匹马也回头望着关公，"其色喷沫"。可见，这是一组造型生动、艺术性极高的雕塑作品。据赵吉士说，"殆元时塑也"。

所谓赵吉士，即《寄园寄所寄》的作者，字天羽，又字恒夫，号渐岸，又号寄园，休宁（今属安徽省黄山市）人，生于明末天启、崇祯之交，康熙年以举人授山西交城知县，后擢升户部主事，官至给事中，康熙四十五年（1706）卒于北京。他在《寄园寄所寄》中说，元代设梵像提举司，专门掌管绘画佛像及土木刻削之工，所以元代的雕塑艺术"特绝"，"后人不能为也"。这组"特绝"的塑像，是不是刘元的作品呢？

清朝时，姚彬庙的这组雕塑还在，有人说，它们毁于庚子事变。

从这些文字记载来看，元代的雕塑艺术已经达到了一个空前高超的水平，而我们今天只能在文字记载中去想象那些作品的形态了。有迹可寻的，还有一个叫"刘兰塑"的胡同。

白马庙：皇家遣官祀关帝

明朝从永乐年间始，京城有九座庙是朝廷派遣官员按时祭祀的。这九座庙是：真武庙，东岳庙，都城隍庙，关庙，太仓神庙，马王庙，文天祥祠，灵济宫，姚广孝祠。关庙排在第四位，可见位置之高。

北京城内外的关庙数以百计，皇家遣官致祭，只能祭一座有代表性的关庙。这座关庙位于地安门西，宛平县治东，贤良祠旁边，叫作白马关帝庙。

白马关帝庙始建于明洪武年间，比正阳门关庙还早。清代又对白马关帝庙重修、扩建，提高了规格，把对关羽的崇拜上升到了顶点。

重修关庙为英宗

这座庙为何叫白马关帝庙？关公骑的赤兔马不是红色的吗？

一个说法是：这里原是白马祠旧址。4世纪，鲜卑族的慕容氏从龙城（今辽宁省朝阳市）迁都于燕，据说有一匹白马在前面引路，所以建了一座白马祠以永久祭祀。然而按元人著的《析津志》中记载，慕容氏所建的白马神君庙在旧城，今广安门内南横街，不在大都城内。所以，这个说法堪疑。

另一个说法较为可信：缘于明英宗朱祁镇做过的一个梦。清代大臣、主持编修《明史》的徐乾学有诗说："当年北狩事苍黄，白马金鞭护毅皇。说与祠官修岁祀，残碑落日倚颓墙。"自注说："明英宗北狩时，神显应，有碑记。"意思是：庙里有块碑说，明英宗"北狩"时，曾梦见过骑着白马的关公保护他，所以回来以后吩咐官员重修关庙以为报答。

所谓"北狩"，字面意思是去北边打猎。实际情景是：英宗当俘虏后被押禁在北边瓦剌部落里。正统十四年（1449），英宗统领大军去与瓦剌交战，结果在今怀来的土木堡被瓦剌包围，以致全军覆没，英宗本人则当了俘虏。他后来所以能被瓦剌送回北京，是因为于谦等人力挽狂澜，率领军民打退了瓦剌进犯，守住了北京，瓦剌再扣留他没有意义了。把这一切归功于关公显灵、保佑，不过是给自己遮羞脸罢了。

成化年间的宪宗朱见深是朱祁镇的儿子。重修庙宇，当是他秉承其父的意思。

白马庙里有一块商辂撰文的石碑。这位商辂可不简单：他是明代三百年科举考试中唯一一个"三元及第"（三元：解元、会元、状元）者，仕英宗、景帝、宪宗三朝，历官兵部尚书、户部尚书、吏部

京剧中的关公形象

尚书、谨身殿大学士。商辂是读书人，孔圣人弟子，不会语"怪力乱神"，所以碑文里没有涉及英宗做梦的事，只是陈述了重修关庙的理由："岁日滋久，殿堂门庑浸以颓圮。"商辂的碑文说，这座关帝庙是洪武年间建的，成祖曾经给这座关庙颁一面龙凤黄纻丝的大旗，"揭竿竖之，以彰威灵"。明朝"列圣相承，崇奉益严"。这次重修，不仅使正殿、两廊、重门"皆焕然一新"，添置了许多供品、器皿、装饰，还拆迁了附近的民宅，扩大了关庙的建筑面积，"内植松柏，外列垣墉，规模广大，观者起敬"。

成化十三年（1477），关公还没有被明朝加封，所以仍称为侯，关庙全称是"汉寿亭侯庙"。

清朝加封圣大帝

崇拜关羽、建庙祭祀关羽并将其视为神，最初源于荆州民间。1086年至1100年在位的宋哲宗赵煦，追封关羽为"显烈王"；崇宁三年（1104）宋徽宗加封关羽为"崇宁真君"，宣和五年（1123）加封为"义勇武安王"。关羽由此升入"神"界，各地开始兴建关王庙。

元朝皇帝也崇拜关羽。元文宗图帖睦尔于天历元年（1328）加封关羽为"显灵义勇武安英济王"。从忽必烈时期，就派官员专职负责祭祀。《日下旧闻考·城市》卷五十二：关王庙在阜成门内西四牌楼宣武街西。《五城寺院册》："阜成门内关帝庙不知何时所建，元泰定年间修。"这个说法有失严谨：元代不称关帝，称"关王"。元大都庆贺新年时的绕城大游行，队伍里除了佛像之外，还有一幅关王像，是用白银鼠毛染作五色，缝砌而成的。元代，杂剧舞台上开始出现了关羽的形象，有一出戏叫《关大王单刀会》。

明万历年以前，一直尊称关羽为侯：洪武二十七年（1394），于南京鸡笼山之阳建造关庙，称为"汉前将军寿亭侯"，到嘉靖年间，才知道这样称呼有误，"汉寿亭侯"的"汉"不是朝代的意思，更正为"汉前将军汉寿亭侯"。明朝万历皇帝加封关羽为"三界伏魔大帝神威远镇天尊关圣帝君"——自此以后有了"关帝"之称。

清朝再次抬高关羽。顺治九年（1652），顺治帝加封关羽为"忠义神武关圣大帝"。康熙皇帝封他为"忠义神武灵佑仁勇显威护国保民精诚绥靖翊赞宣德关圣大帝"。左安门内太阳宫之北，原有座明代古刹五虎庙，供奉的是蜀汉的五员虎将：关羽、张飞、赵云、马超、黄忠。大殿前有两株古松，至清代已有二百余年。后来，庙毁于火。清康熙年重建时，关羽已加封帝号，于是重建后的庙宇就只供奉关帝一人，虽然还叫五虎庙，已经名不副实。

又是神，又是圣，又是大帝，可谓无以复加了。然而雍正帝还有办法——加封关羽的祖上三代。雍正三年（1725），封关公的曾祖为"光昭公"、祖父为"裕昌公"、父亲为"成忠公"，在白马关帝庙中增建后殿加以崇祀。

乾隆三十三年（1768），关羽再被加封为"忠义神武灵佑关圣大帝"。乾隆四十一年（1776），改谥"忠义"，乾隆皇帝御笔题写楹联："浩气丹心，万古忠诚昭日月；佑民福国，千秋俎豆永山河"。

这次重修，将关庙的山门、殿顶全部改成黄琉璃瓦——关羽此时已经是"帝"了，必须在建筑上也有所体现。

267

关公出场须起立

关羽是神圣，是大帝，必须被格外尊重。在清代，如果有谁不尊重关老爷，那是要吃官司、被治罪的。清朝从雍正五年（1727）始，禁止伶人上演关公戏，不许在戏曲舞台上出现关公的形象。到乾隆年间，三庆班排演全本的《三国》，不能不让关公出场啊，这条禁令才被废止，但是也必须有所禁忌。比如，关羽的名字是不能直呼的。凡是关羽的戏，梨园行称之为"红净戏"。戏中关羽在台上自报家门时称："俺，关某。"别人则称之为"关公"。

据齐如山在《京剧之变迁》中说，乾隆中，有位唱老生的，名叫米喜子，演关公演得最出名。一天，御史老爷们团拜演堂戏，其中有《战长沙》。这是一出武戏，讲述刘备占据荆州之后，命关羽攻打长沙。守将韩玄命黄忠出战。黄忠在和关羽交战时马失前蹄摔了下来，关羽没有杀他，把他放走了。次日会战，黄忠箭射关羽盔缨，以回报关羽不斩之恩。韩玄怒责黄忠通敌，要杀他。魏延押运粮草回来，杀死韩玄，与黄忠一同归降了刘备。米喜子在这出戏里演关公。出场时他用袍袖遮着脸，走到台前撒开袖子一亮相，全堂观客以为是关公显圣了，不约而同一下全站了起来！齐如山说，从那以后不许再演关公的戏了。

齐如山的这个故事也是听梨园行里传说的，不无夸张，时间也不对。

米喜子大名米应生，字石泉，号桃林，小名喜子，生于乾隆四十五年（1780），卒于道光十二年（1832），嘉庆四年（1799）入京师优部春台班唱戏。乾隆年间他还没出道呢。不过米喜子演关公演得好是真的，有"活关公"之美誉。后来的演员唱红净戏都学他。

还有一节是真的：慈禧爱听戏，在宫里头唱红净戏时，关公一出场，慈禧太后与皇帝就要离座，假装出去走几步，再回来坐下。还有，宫里唱红净戏，表现关老爷吃败仗的《走麦城》是绝对不可以演的。

明清两代，每年五月十三日必要派遣官员代表朝廷去关庙致祭。清朝初年，每年这一天在圆明园内北远山村的关庙前，要为关老爷演戏。道光四年（1824），旻宁为削减开支，裁减伶人，这项演出才停止了。

五月十三日是什么日子？有三种说法：一种说法是关羽的诞辰；一种说法是关羽的忌日；还有一种说法是关羽渡江单刀赴会的日子。

忌日的说法首先可以排除：无论是先哲还是神圣，忌日缅怀可以举行纪念活动，纪念屈原赛龙舟，纪念介子推不举火，没有说悼念之日唱大戏的。

生日的说法虽然也很勉强：既然庆祝诞辰，干吗要磨刀呢？莫不成关老爷一出生就要上马杀敌？但是这个说法被普遍认可。

说是过江会吴之期似有道理，就不知这个日子是如何考证出来的。关公渡江单刀赴会这段故事，其实是《三国演义》小说中的：鲁肃为讨要荆州，邀关羽江东赴会，名义是为叙友情，实际是用武力逼迫。关羽凭着自己的勇敢和智慧，仅带周仓等亲随十余人，单刀赴会，与鲁肃见面后谈笑自若。东吴人被震慑，奈何不得。关公全身而回，让东吴要回荆州的打算落了空。这段故事表现了关公的神勇。

贤良祠：褒以往以励方来

北海后门以西路北，门牌是地安门西大街 103 号，有一古建筑，坐北朝南，雕梁画栋，气势恢宏，如今有同仁堂开的一处门店。这座古建筑是始建于清雍正八年（1730）的贤良祠。

《宸垣识略》：贤良祠在白马关帝庙旁，祀王公大臣之有功国家者。有世宗御书额，曰"崇忠念旧"，有御制碑。

贤良祠因怡亲王而建

王府井东侧帅府园有个贤良寺，那里原是怡亲王府，怡亲王死后，将府邸改成了寺。贤良祠也是因怡亲王而建的。名列贤良祠内贤臣良将第一人的，就是怡贤亲王。雍正帝在《御制贤良祠碑文》中，首先赞扬的就是"尔和硕怡贤亲王，忠孝自天，敬勤成性""启乃心以沃朕心""图国事即如己事""立臣道之仪型"，一句话：怡亲王为后世树立了良臣之榜样。

怡贤亲王即爱新觉罗·胤祥，生于康熙二十五年（1686），生母为敬敏皇贵妃章佳氏，他在诸皇子中排行十三，是雍正帝胤禛的异母兄弟。胤祥能文能诗，书画俱佳，骑马射箭样样精通。自康熙三十七年（1698）七月，十二岁的胤祥第一次跟随康熙帝去盛京谒陵后，直至康熙四十七年（1708）九月，十年间，康熙帝

图为清朝有史以来第九位铁帽子王怡亲王胤祥，原画现藏于美国史密森尼学会

只要离开京师，无论去哪里，必将胤祥带往。但不知为什么，康熙帝晚年似乎不大喜欢胤祥了，对他有些冷落。

虽然没有太多史料可证，但可以肯定：胤禛和胤祥的关系是很亲密的。胤禛在给胤祥的祭文中提到，胤祥的算学是他亲自教授的："忆昔幼龄，趋侍庭闱，晨夕聚处。比长，遵奉皇考之命，授弟算学，日事讨论。"每逢塞外扈从，兄弟俩"形影相依"。当康熙帝出巡只带他们其中一个扈从时，短暂分别，两兄弟也会诗书往还。

在康熙帝去世的第二天，入承皇位的雍正帝便任命胤祥为四位总理事务大臣之一，同日晋升为和硕怡亲王。在遭受十几年冷落之后，

得到雍正如此厚待，胤祥当然竭全力报效。

胤祥受命总理户部，着手清理康熙末年以来积存的旧案，将几千宗旧案都理出了头绪。康熙末年，由于圣祖皇帝"政尚宽仁"，吏治失之弛纵，导致各级财政出现了许多亏空，仅一个户部就查出亏空银二百五十万两。如何填补亏空、收缴积欠，胤祥奏请皇上同意，对有的官员直接查抄，有的官员则限期补齐。对一些造成亏空的王公亲贵也毫不容情，勒令变卖家产清还亏欠。凭着这种不徇情姑息的认真态度，胤祥使财政状况得以明显好转。

雍正元年（1723）到三年（1725），胤祥参与西北军事的运筹，办理外国传教士事务。雍正三年底，胤祥除了继续以前的各项兼职外，加议政大臣，总理营田水利，领圆明园的八旗禁军，办理胤禛藩邸事务，密谋筹办军需，还要承担皇帝临时交办的审断案件、代行祭祀等诸多差务，可谓职任繁多。连为皇帝选择陵地的事情，也交给胤祥去办，由此可见雍正帝对他的信任和倚重。

但是这位怡亲王身体一直不大好，只活了四十三年就死了。对于他的早逝，雍正帝十分悲痛。据《清史稿·世宗本纪》：雍正八年（1730）五月辛未，"怡亲王胤祥薨，上痛悼之，亲临其丧，谥曰贤，配享太庙"。六月，"赐怡贤亲王'忠敬诚直勤慎廉明'八字加于谥上"。秋七月，"命建贤良祠"。

雍正帝在写给胤祥的祭文中说："朕兄临御之初，实赖贤弟为腹心股肱之寄……凡有关吏治、民生、国政、军计者无不细心筹画，慎密敷陈……即宫中府中事无巨细，亦莫不措置咸宜，经营悉当。自古史册所传良弼懿亲、一心一德者，畴能与贤弟比伦乎？"

立仪型褒以往而励方来

因为要褒奖怡亲王，所以要建贤良祠；而需要褒奖的人尚多，所以更要建贤良祠。世宗下诏说："古者大烝之祭，凡法施于民，以劳定国者，皆列祀典，受明禋。"这段话的意思是：自古以来的祭祀，对那些于国于民有贡献的人，都要列入祀典，让他们得到祠祭，享受香火。"我朝开国以后，名臣硕辅，先后相望。或勋垂节钺，或节厉冰霜，既树羽仪，宜隆俎豆。俾世世为臣者，观感奋发，知所慕效。庶明良喜起，副予厚期"——我朝开国以来有许多功勋卓著的名臣硕辅，理应给予隆重的祭祀，以激励后世为臣者，仰慕他们、向他们学习。我对此寄予厚望。

世宗在碑文里也明确表达了他建贤良祠的用意："褒宠以往，劝励方来"，希望后世臣子都像这些贤良一样效忠朝廷。

先后入祀贤良祠的，有亲王，有公侯，有大学士，有各部尚书，还有都统、将军、总督，也有巡抚、副都统，涵盖了文官武将，包括了满族、蒙古族、汉族。无论哪一个入祀者，都对大清朝定鼎中原、开疆扩土、治理国家有重大贡献。例如——

策凌：博尔济吉特氏，清代前期蒙古族重要将领。雍正年间准噶尔作乱，策凌奉诏往征，光显寺一战大败准噶尔军，准军被迫遣使求和，漠北地区从此得以安定。

爱星阿：顺治十七年（1660）授定西将军，远赴云南，会同吴三桂军入缅甸追击南明弘光帝。缅人将弘光帝等人交出。

图海：中和殿大学士、礼部尚书，康熙十三年（1674），随信郡王鄂扎平定察哈尔叛乱。康熙十五年（1676），拜抚远大将军，平定吴三桂叛乱。

费扬古：康熙十三年（1674）参与平息三藩之乱，康熙二十九年（1690）随皇帝征讨噶尔丹立下战功。

范文程：明万历四十六年（1618）投努尔哈赤，参与军国机密；清军入关后，为安抚汉人提出多个建议被采纳。前后经历努尔哈赤、皇太极、顺治、康熙四个皇帝并辅佐了其中的三个，为清朝人入主中原立下了不朽之功，被视为清朝开国大臣、文臣之首。

张玉书：康熙二十九年授为文华殿大学士兼户部尚书，三十五年（1696），随康熙帝征噶尔丹。在他的参与下，清军以逸待劳、诱敌深入，平叛取得胜利。

李光地：康熙十三年在福建家中省亲时得知耿精忠作乱，暗中书写密折藏在蜡丸中，派人送往京城。康熙四十年（1701）主持永定河治理的河务工程，受到皇帝褒奖。

汤斌：康熙二十三年（1684）出任江苏巡抚，在任上整顿吏治、打击豪强、蠲免苛赋、建立义仓社学、毁弃五通神淫祠。二十四年（1685）扬州大旱，汤斌下令动用国库存银五万两采购大米赈灾。有官员劝汤斌说："私自动用库银，皇上怪罪下来，你承担不起。"汤斌说："如果上奏章等皇上批准，灾民早就饿死了。我们的皇上非常仁慈，不会怪罪我们。他要怪罪，由我一人承担。"两年后汤斌升任礼部尚书，离任之日，苏州百姓罢市三日，痛哭挽留。

于成龙：为官二十载，三次被举"卓异"，去世时木箱中只有一套官服，别无余物，市民痛哭，塑建雕像祭祀。康熙帝说他是"清官第一，天下第一廉吏"，破例亲自撰碑文并题写"高行清粹"匾额给予褒扬。乾隆帝数次遣官祭于成龙之祠，并御书"清风是式"四字。

……

入祀诸臣，皆有可圈可点之处。

先进后出盖棺未必定论

贤良祠建成后，从雍正到宣统，历代都有新人补入。乾隆朝最多，宣统朝最少。许多今人耳熟能详的大臣名列其中，傅恒、刘墉、福康安、朱珪、杜受田、曹振镛、胡林翼、曾国藩、左宗棠、李鸿章、张之洞、孙家鼐……前后计一百七十八人。

名列贤良祠，在清朝可谓是莫大荣誉，对子孙后代也会产生重大影响。然而入祀贤良祠，并不等于盖棺论定，也有后来又撤掉的，如乾隆朝的鄂尔泰和于敏中。

鄂尔泰，清满洲镶蓝旗人，西林觉罗氏，在雍正朝是世宗心腹之臣。乾隆初年，与大臣张廷玉两人各立朋党，在朝中相互倾轧，深为乾隆帝所恶。鄂尔泰死后，按雍正帝的遗命配享太庙、入祀贤良祠。鄂尔泰虽然不在了，但他生前所形成的朋党势力还在朝中。

乾隆二十年（1755）三月，爆发了胡中藻案，是为乾隆帝打击鄂党的突破口。胡中藻是江西新建人，号坚磨生，乾隆元年（1736）进士，鄂尔泰的门生，内阁学士兼侍郎衔，一向以鄂尔泰高足自居，又与鄂尔泰的侄子、官居地方大员的鄂昌关系密切。乾隆指责他的《坚磨生诗钞》诗集中有"一把心肠论浊清"等句子，谓其"悖逆诋讪怨望之处甚多"，将其处死。与胡中藻有往复唱和的甘肃巡抚鄂昌被赐

贤良祠山门

自尽。胡中藻的座师鄂尔泰被撤出贤良祠。

于敏中,字叔子,号耐圃,江苏金坛人。乾隆二年(1737)的恩科状元,才华横溢,尤善书法,很受乾隆帝赏识,乾隆三十六年(1771)位列协办大学士。在乾隆朝,他在军机处近二十年,为汉臣首揆执政最久者。乾隆四十四年(1779),于敏中病逝,赐谥"文襄",入祀贤良祠。

乾隆四十五年(1780),于敏中孙子卷入祖父资产案,乾隆命令阿桂全程调查,发现于敏中有着巨额家产。这让乾隆感到十分震惊,才知于敏中身为首辅广收贿赂大肆敛财。不过乾隆依然对于敏中予以祖护,示意阿桂不要深究。其后不久,苏松粮道章攀桂案发生,发现案件所涉官员曾为讨好于敏中，私下里为其建造花园，花费巨大。乾隆深感愤慨，但还是没有追究。乾隆四十六年（1781），王亶望因虚报灾情贪污数百万被处斩，暴露出于敏中乃是包庇王亶望的元凶。这下乾隆帝终于忍不住了，命人立刻撤去了贤良祠中于敏中的牌位，并且剥夺其子孙的世职，"以为大臣营私玷职者戒"。

　　好在入祀贤良祠的只是一些写着名字的牌位，要撤掉谁也不是什么难事。

　　清朝灭亡，贤良祠也就变成了一座废庙。那些贤臣良辅的牌位，也随之消失在了历史的长河中。

广化寺：后海北岸唪经声

风景秀丽的什刹海后海的北岸，有一座香火至今旺盛的古刹广化寺。它在银锭桥之西，宋庆龄故居东侧，是北京市佛教协会所在地。

古刹始建于元代

据《宸垣识略》记载："广化寺在日中坊鸡头池上。元代有僧居之，日诵佛号，每诵一声，以米一粒记数，凡二十年，积至四十八担，因以建寺。"

另据明《敕赐广化寺记》碑载：元天顺元年（1328），灵济号大舟"到庆宁寺住，至顺四年（1333）在此寺住，发愿禁足二十年不出门，一心念佛……十年后成此大刹"。

据此，广化寺的创始年代大约在1342年。这样说来，广化寺已

广化寺

有六百多年的历史了。

　　而据1936年北平市政府寺庙的登记，广化寺建于明万历二十七年（1599），有不动产房基地三十五亩，房屋三百零二间；附属房基地二十五亩，耕地九顷七十亩，塔院地十八亩，土房四十六间。说明家底厚实，规模比现在要大很多。

广化寺藏经阁

　　今天的广化寺，占地面积二十余亩，拥有殿宇三百余间，整座寺庙建筑布局严谨，共分中院、东院和西院三大院落。

　　中院是全寺的主体建筑。正中依次分布着山门殿、天王殿、大雄宝殿、藏经阁等主要殿堂，两侧对称排列着钟楼、鼓楼、伽蓝殿、祖师殿等。

东院由戒坛、斋堂、学戒堂、引礼寮等殿堂组成。

西院的主体建筑有大悲坛、祖堂、法堂、方丈院、退居案。

三个院落之间回廊环绕，僧房毗连，形成一座大四合院中有众多小四合院，即"院中有院"的建筑特色。整座寺庙古柏苍翠，幽静肃穆。

溥心畬寓居广化寺

广化寺有恭王府家庙之说。从位置上看，恭王府在什刹海南岸，与广化寺相去不远。据《道咸以来朝野杂记》所载："后海北岸之广化寺，古刹中之新者。闻光绪初年残败殊甚，后募化于恭邸，为之重修正院殿宇。"据此记载，广化寺于光绪年间因得到恭王府的资助而得以重修。

1937年，溥心畬生母项太夫人去世，停灵于广化寺，溥心畬寓居于广化寺为母守灵。

溥心畬，名爱新觉罗·溥儒，曾祖道光帝旻宁，祖父恭亲王奕䜣，父亲贝勒载澄。嫡母马佳氏，本生母项氏。有兄弟四人，排行第二。恭王爵位传给了异母兄溥伟，有同母弟溥德，尚有一弟名溥佑，出生后过继给他人。溥心畬十四岁时父亲去世，由生母项太夫人抚育。十五岁入贵胄法政学堂（后并入清河大学）读书。辛亥后居北京西山戒台寺，由项太夫人亲授其读书习字。十九岁时进入柏林大学学习天文和生物，获得双博士学位。二十七岁隐居于西山戒台寺，自号西山逸士，谢绝交游，潜心读书作画。二十九岁时奉母移居恭王府花园，并步入画坛。三十岁时在中山公园水榭举行首次个人画展。

溥心畲书、画俱佳。他的画被誉为文人画，画风并无师承，全由揣悟古人画作以及诗文意境而成，当年与张大千齐名，有"南张北溥"之称。他的书法行草学二王、米芾，飘洒畅酣，其小楷作品《金刚经》刚健遒美，秀逸有致。溥心畲不仅书画好，且从小即通诗词及典籍，晚年常对弟子说，称他画家，不如称他为书家，称他为书家，不如称他为诗人。

新中国成立前夕，溥心畲去了台湾，1963年11月18日于台湾病逝。

溥心畲在广化寺为母守灵期间，每日刺指血和朱砂，抄写五千余字的《金刚经》。此事笔者闻之于爱新觉罗·毓峘。毓峘是溥心畲弟弟溥僡之子。听说这件不同寻常的书法作品仍珍藏于广化寺。

修明升座为方丈

清末民初，广化寺一度成为京师图书馆。光绪三十四年（1908），张之洞将个人藏书存放寺中，奏请成立京师图书馆。次年获准，清政府派缪荃孙主持建馆事务。

民国成立后，教育总长蔡元培派江翰任京

三图为溥心畲画作

师图书馆馆长，次年开馆接待读者。不久迁馆他处，广化寺又恢复为佛教寺庙。

1927年玉山法师任广化寺住持。玉山法师注重修持，率领僧众遵守佛制寺规，实行禅净双重。寺内有"三不"制度：一不攀龙附凤；二不外出应酬佛事；三不私自募捐化缘。广化寺闻名四海，有常住僧众五十多人。

1938年，在当时寓居广化寺的溥心畬捐助下，玉山方丈主持重修了山门殿、天王殿、大雄宝殿、万佛阁（也称后殿）以及东西配殿、配楼。为广集资金，当时还邀请了知名书画家题字作画，在中山公园水榭展开义卖，得款捐助广化寺，使修复工程圆满成功。

1939年，广化寺创办了"广化佛学院"，招收学僧数十人，聘请著名佛学家周叔迦、魏善忱、修明、海岑、溥心畬等学者任教，培养僧伽人才。后又创办了广化小学，免费招生，为贫困家庭的子弟提供上学读书机会。1952年，学校由北京市教育局接办。

"文化大革命"中，广化寺佛像遭到破坏，宗教活动也被迫停止，但《大藏经》及佛教文物都被封存，没有受到损坏。

党的十一届三中全会以后落实宗教政策，广化寺获得了新生。广化寺山门殿宇修葺一新，寺内唪经之声再起，佛前香火重燃。

1981年，北京市佛教协会成立。1983年，广化寺被列为汉族地区佛教全国重点寺院，也成为北京市佛教协会所在地。广化寺恢复了正常的佛事活动，还开办了僧尼培训班，并挖掘、整理了北京智化寺音乐，成立了北京佛教音乐团。

1984年5月，北京市人民政府公布广化寺为北京市文物保护单位。

1989 年 8 月 16 日，广化寺举行了佛像开光大典及修明方丈升座仪式。

修明法师生于清光绪三十二年（1906），俗姓贾，名鸿儒，北京人。十九岁时考入北京中法大学，当时陈毅也在此校就读，高修明两个年级，是学生会的负责人。"三一八"那天，陈毅带领爱国进步学生到段祺瑞执政府请愿，修明也在其中。中法大学毕业后，修明被选派到法国里昂大学进修，后因患上严重的神经衰弱，只好回国，医治一段时间不见好转，于是皈依佛门。

修明法师 1982 年任北京市佛教协会副会长，1992 年任北京市佛教协会会长，曾任北京市政协委员；1996 年圆寂于广化寺，终年九十一岁。他生前曾说："国家与宗教有着密不可分的关系。皮之不存，毛将焉附？因此，爱国爱教，实为佛教徒之天职。"

如今，每逢农历初一、十五，广化寺都有法事活动；中元节广化寺会举行法会、放焰口。徜徉于什刹海北岸，您有时可以听到广化寺里传来僧众的唪经声。

十刹海：木扉砖牖数椽屋

什刹海，是北京城内、紧邻中轴线西侧的一个湖。直到今天仍然有人以为：什刹海这个名字的由来，是因为湖周边分布着十座庙宇。一些清朝人即持此说。

"十刹俨号舍，而名十刹海"

20 世纪 80 年代,《北京晚报》"五色土"发过一篇短文《什刹海的得名》，说什刹海得名的"准确原因"，即湖周边有十座庙。根据是一幅画。清乾隆年间，国子监祭酒法式善卜居于什刹海西岸，请当时的画家罗聘（即罗两峰）作了一幅画《小西涯诗意图》，图中画的是一片松林之中，有一宽广院落，中间有座两层的楼阁，两旁列有较低矮的房屋。画下有大学士翁方纲的题诗，曰："一源汇而西，十刹沿以次。"诗的意思很明白：河水流到西岸，岸边排列着十座庙宇。可见，认为什刹海湖得名于湖的周边有十座庙的说法，在清代已经成为众多人的共识。

翁方纲有可能误解了此画的含义。画中那栋楼阁，很可能是法式善的宅第。国子监祭酒，乃皇家最高学府之长，在自己的宅院里盖一栋两层小楼，应该不成问题。而那所谓十座庙宇，其实是一座庙宇。试想，即使湖的周边确有十座庙宇，怎么可能聚集于一隅？

法式善（1752—1813），蒙古族，乾隆四十五年（1780）进士，授检讨，官至侍读。参加科考时用的名字是运昌。乾隆帝很欣赏他，说："此奇才也。"赐改名法式善，满语"奋勉有为"之意。法式善任国子监祭酒期间，"唯以奖拔后进为务"。

法式善的仕途不大得意。据昭梿《啸亭杂录》中说，法式善因"上疏请旗人屯田塞外事"惹皇帝不高兴，说是"故违祖制"，降官为编修，"因引疾去官以终"。这一点，跟《清史稿》上说的不同。《清史稿》说法式善"坐修书不谨贬庶子"。昭梿说"先生与余最善"——法式善跟我关系最好。他说的应该是准确的。

法式善"居净业湖畔，门对波光，修梧翠竹，饶有湖光之趣"。他之所以卜居于此，就是因为这里是李西涯故居遗址。李

蒙古族学者法式善画像

西涯，即李东阳（1447—1516），明正德年间首辅，因从小生活在什刹海西岸，故自号西涯。法式善仰慕李西涯之为人，所以自号"小西涯"。

在《小西涯诗意图》上，有一首法式善的自题小诗："十刹俨号舍，而名十刹海。"这意思也很明白：因为"十刹海"这座庙宇的建筑俨然如同考场的号舍，所以名叫十刹海。就是说，十刹海，不是十座庙的意思，而是一座庙的名字。"小西涯"果然名不虚传，对"西涯"一带人文历史十分清楚。

其实什刹海周边分布着的庙宇远不止十座，若以此为名，即叫百刹海亦不为过。所以，什刹海之名与周围寺庙多少无关。

"京师梵宇，莫十刹海若者"

十刹海是一座庙之名——这个问题，《日下旧闻考》中的大臣们已然弄明白了。他们向乾隆帝报告说："元时，以积水潭为西海子。明季相沿亦名海子，亦名积水潭，亦名净业湖。《涌幢小品》《青楼集》《燕都游览志》诸书所载各殊。今则并无西海子之名。其近十刹海者即称十刹海，近净业寺者即称净业湖。"此话再明白不过：十刹海、净业寺都是寺庙的名字。

这座名为"十刹海"的庙宇，确实位于湖的西岸，具体位置在今德胜大街东侧的段家胡同。庙门坐西朝东，占地五十亩，内有房舍三十余间，"木扉砖牖"——木头门、砖砌的窗户，很是简陋；而且三十余间房舍高低大小没有区别，"佛殿亦分一僧舍"，即使是佛殿也只占其中一间，并不比其他房间高大，俨然如同举行科举考试的考场——"号舍"一样。明朝末年的刘侗、于奕正合著的《帝京景物略》中有一文专门介绍十刹海说："京师梵宇，莫十刹海若者"——北京城的寺庙没有一座像十刹海这样的："其供佛，不以金像广博丹碧宇嶒嶒也"——没有高大的佛殿和金碧辉煌的佛像；"钟磬无远声，香灯无远烟光，必肃必忧，警人见闻、发人佛心"——钟磬声音不大，香火也不旺盛，但令人肃然起敬，足以使人警醒、产生对佛的信仰。

据《帝京景物略》说：十刹海这座寺院是明万历年间僧人遍融大师的弟子三藏建造的。关于遍融大师的生平，本书《拈花寺》一文中已经介绍了。《日下旧闻考》中大臣们说，遍融和三藏是同一人。这一点他们错了，《宸垣识略》也跟着错了：遍融是四川人，三藏是陕西人。他们是师徒关系。

非常之庙有非常之僧

十刹海寺庙非同一般寺庙，三藏和尚也非同一般和尚。《帝京景物略》说，三藏和尚"终身未偿寝"，从来不躺下睡眠，"多立少坐，危坐即休眠时"。"主十刹海二十年，终未饭长住一颗"，他住持寺院二十年，一粒米也不存。"日出乞食，归立钟板侧"，白天到外面去讨饭，回来就站在钟板之侧。

这位大师很有性格，对待来求教的大官、财主，一律像老师训小学生一样不客气；一位官宦人家的女眷前来求问，他呵斥道："你一个女人家，丈夫又是当朝显贵，念佛就该在自己家里，怎么能外出来

什刹海畔夜景

见僧人！你们家没有家法，我这里却有佛法！赶快给我回家去！"

这位三藏大师颇受世人尊敬。他外出讨食从不说话，也不入人家，在街头手持念珠立地念佛，将用餐的瓢放置身前。人们见大师的瓢仰着放，就知大师尚未用餐，争相将斋饭放进他的瓢里。用过餐之后，他就将瓢扣过来。

万历皇帝是信佛的，他让朝廷发给各寺庙银两、粮米。三藏只准接受够"晨粥午饭"的粮米，多余的不要。主管官吏说："粮食有的是，你们可以多要些。"他说："米多不饱，米少不散。"米越多越不够，米少了僧众反而不离散。他的这话似乎难以理解，但是后来却应验了。万历皇帝死了之后，拨给寺庙的银两、粮米断了，别的寺庙的生计便无法维持，僧众于是四散离开，唯独十刹海还能和以往一样。

　　三藏和尚圆寂于万历四十二年（1614）。直到崇祯初年，三藏用过的数珠、饭瓢，还悬挂在十刹海庙中。正如《帝京景物略》所说：京城寺庙无数，没有一座像十刹海这样的！

　　明代僧人修懿写诗称赞十刹海道："十刹海非刹，凝然古德风。市居岩壑里，门向水田东。耆宿推三藏，师资事遍融。乞随瓢偃仰，立俨岳衡嵩。听法俱高衲，执巾无侍童。直言等贵贱，醒语破愚蒙，僧不骄恩帑，佛宁藉像工？平平数椽屋，密密六时功。哀悯西山寺，游观额大雄。"

　　如今十刹海之庙已然不存，唯有什刹海这个名字能证明："湖滨梵宇林立，旧有佛寺曰十刹海，寓意佛法如海。今庙宇虽废，而十刹海为湖泊名称，却已屡见记载。或谐音写作什刹海……"——这是侯仁之先生写在碑文里的。

拈花寺：京城禅宗第一庙

坐落于西城区大石桥胡同 61 号院的敕建拈花寺，前身是建成于明万历辛巳（1581）的护国报恩千佛寺。雍正十一年（1733）奉敕重修，是明清两代很有影响的一座寺庙，名列清末北京"八刹三山"之一。2003 年 12 月 11 日，公布为北京市文物保护单位。

规模宏大名列京师八刹

清朝人说："鼓楼后拈花寺，明以来大刹也。"昔日北京城有"八刹三山（寺）"之说。八刹分内八刹、外八刹。其中内八刹为内城的柏林寺、嘉兴寺、广济寺、法源寺、龙泉寺、贤良寺、广化寺、拈花寺。

拈花寺庙规模确实不小。直到 1939 年，还拥有大量房地产。

已经破败的拈花寺山门

据《北京寺庙历史资料》记载：拈花寺占地面积约三十四亩，房屋二百五十五间，铜佛像五十六尊，木佛像十二尊，泥佛像四尊，铜牛一头，大铜钟三口，大铜磬两口，大铜云板一面，大鼓两面，铜鼎一座，大小铜五供各一堂，串珠大挂灯四支，铜莲花大海灯托，大铜炉一个，沉香木幢两座，金漆供桌一张，大藏经一部……此外还有各种树木一百七十余棵，水井六眼，附属塔院庙基地八亩，耕地五十二亩，东墙外菜园地六亩……

这座寺庙规模如此之大、家底又如此之厚，跟它的出身有直接关系。据《燕都游览志》载杨守鲁《千佛寺碑记》，明万历初年，四川僧人遍融由庐山来到北京，被御马监太监杨用推荐给了司礼监太监冯保，冯保即买下御用监太监赵明扬的宅地，建造寺庙，请遍融来主佛事。圣母皇太后听说了这事，便捐出属于她个人的"膏沐资"——点灯洗浴钱相助，潞王公主也捐钱若干缗，由杨用督工，于万历九年（1581）秋天建成。

碑文中说："寺南向为山门，为天王殿，为钟鼓楼；中为大雄宝殿，为伽蓝殿；后为方丈，为禅堂，为僧寮，为庖湢，为园圃，左右侧则有龙王庙及井亭。养老、礼宾，诸所靡不备。"就是说，整座寺庙设施齐全、应有尽有：有念经礼佛的地方，有僧人住宿和做饭洗澡的地方，有菜园子，有水井，房屋充裕，既能招待客人，又能居住养老。有文字记载说，崇祯末年（1644）李自成进北京好多天了，寺中僧人闭门念经，竟全然不知。

大太监冯保建千佛寺

冯保不过一个太监，一出手就能买地、建这么大一座寺庙，他哪来的这么多钱？还能让当朝太后拿出私房钱来资助他，他又是何许人也？

宦官冯保，《明史·宦官列传》里有他的传记。嘉靖时，他已经是司礼秉笔太监了，到隆庆年间，早该升为司礼监掌印太监了，可是隆庆帝不喜欢他，他因此迁怨于首辅高拱。直到隆庆六年（1572），他才在李太后的支持下终于当上了司礼监掌印太监。

隆庆六年穆宗病重，冯保私下嘱咐张居正起草遗诏，被高拱知道了，他质问张居正："我才是内阁首辅，你怎么可以单独与宦官一起准备遗诏？"张居正自知理亏，只好谢罪。高拱由此也更加厌恶冯保。

穆宗驾崩，十岁的皇太子朱翊钧继位，是为明神宗。冯保假传穆宗遗诏，说："大行皇帝说了，让阁臣与司礼监同受顾命。"这就把自己的地位抬得和首辅一样高了。在朱翊钧的登基仪式上，冯保一直站在皇帝的宝座旁边，满朝文武无不骇然。高拱更看不下去，便联合众大臣上疏，列举冯保之奸，要把他赶走。没想到，张居正把这消息透露给了冯保。于是冯保拦下了那些奏本，并到太后那去说高拱的坏话："高拱说了，一个十岁的小孩子怎么能当得了皇帝！"太后和小皇帝听了大惊失色。

六月十五日一早，大臣们被召集到会极门接听圣旨。高拱以为圣旨一下，冯保即被驱除，没想到圣旨说："大学士高拱专权擅政，把朝廷威福都强夺自专，通不许皇帝主专。不知他要何为？我母子三人惊惧不宁。高拱著回籍闲住，不许停留！"高拱听罢，"面色如死灰""汗陡下如雨，伏不能起"。本来冯保想置高拱于死地的，被张居正拦住了。

扳倒了高拱，张居正升为首辅。《明史》中说："居正固有才，其所以得委任专国柄者，由（冯）保之左右也。"作为回报，张居正也帮冯保清除异己，"保所不悦者，斥退殆尽"。

冯保在李太后那里也说一不二。李太后是宫女出身，因为生了朱翊钧才升为贵妃，地位低于皇后陈氏。朱翊钧即位后，冯保策动张居正等人为李氏和陈氏一起加徽号，陈氏为"仁圣皇太后"，李氏为"慈圣皇太后"，于是就没有高低区别了。李太后自然对冯保心存感激。

李太后对万历小皇帝管束很严，冯保就充当耳目，去太后那里禀报小皇帝的过错。小皇帝一次在西城曲宴上喝酒，让一个内侍唱小曲，内侍不会，他拔剑要杀内侍，被随从拦住了。他就把内侍的头发割了下来。冯保把这事告诉了李太后。李太后命小皇帝跪在面前，把他狠狠训斥了一顿。小皇帝痛哭流涕，答应一定悔改。以致小皇帝很怕冯保，本来与小太监玩儿得正高兴，一说"大伴来了"，马上正襟危坐。小皇帝行赏罚，冯保不说话，"无敢行者"。小皇帝难以忍受，但由于内有太后、外有张居正，对冯保无可奈何。

《明史》中说，冯保"善琴能书"，有一定的修养，但他"性贪"，"因恃势招权力，大臣亦多以通"。多年后张居正病死、太后归政，冯保没了靠山，万历皇帝把他赶去南京闲住，并抄了他的家，查获"金银百余万，珠宝瑰异称是"。冯保最后死在了南京。

倡禅宗雍正重修拈花寺

千佛寺是为禅宗大师遍融和尚而建的。《宸垣识略》中说："明御马监太监杨用，受僧遍融指，铸毗卢世尊莲花宝座，千佛旋绕四面，若朝者然。铸十八罗汉、二十四诸天，复塑伽蓝、天王等像。"千佛寺由此而得名。

遍融大师法名真圆，弘治癸亥（1503）六月十四日生于西蜀，出家后"一钵万方，片云千里"，曾来京城龙华寺，"会通公讲法于众，皆得悟言于上"，于是赴江西，隐于庐山深处修行。"居山既久，德名日溢一日，即焚居室，以谢山灵而去"，二次入京，在柏林寺检阅大藏，"一衲一龛，胁不至席，九年于斯"，后来又徙入法通寺

（在今安定门内华丰胡同）苦行如前，"尝在昊日寺讲华严，苦言警众"。御马监太监杨用，执弟子礼，拜在大师门下。李太后"赐金百镒，范像千身，千佛寺者所由建也。寺成，即请师居之"。万历甲申（1584）九月九日，遍融面西而逝，全身舍利葬于土城关外鹰房村普同大塔内。

清顺治年间，这座寺院中又迎来了一位高僧：玉林琇。据雍正十一年（1733）清世宗《御制拈花寺碑文》中说："昔我世祖章皇帝万几余暇，留神内典。其时，法门龙象受知最深者曰玉林琇国师，尝欲令其徒茚溪森主席京师、宣扬道法，眷顾之意至厚。"这段话的意思是说，顺治皇帝福临对禅宗感兴趣，跟玉林琇及其弟子茚溪森交往颇深。

玉林琇（1614—1675），俗姓杨，字玉林，名通琇，江阴人，十九岁从临济宗第三十四世传人馨山天隐圆修出家。顺治十五年（1658）奉诏进京，在万善殿说法，顺治帝亲临听问，赐以"大觉禅师"之号。玉林琇在京时，福临要求拜在门下为弟子，并要求玉林琇给他起个法名。玉林琇不敢承受，推托再三。福临坚持己意，并且要用丑些的字眼。玉林琇没有办法，只好写了十余个字给福临，福临自选了一个"痴"字，前面用龙池派中的"行"字，即法名"行痴"，又自号"痴道人"。

野史中流传着不少顺治皇帝出家的说法，这倒不是空穴来风。顺治十七年（1660）八月，福临的爱妃董鄂氏病逝了。福临十分悲痛，为求得精神上的解脱，愈加沉迷于佛学，整天与玉林琇弟子茚溪森等人谈佛论禅，甚至命茚溪森为其剃发，决心出家。据陈垣考证，茚

禅宗祖师摩诃迦叶像

溪森确实已为福临剃发。这件事在汤若望《回忆录》中也有记载："董妃薨后，皇帝把头发削去。"时间应该在顺治十七年（1660）八月至十月之间。十月十五日，玉林琇奉诏回京，得知此事后十分恼火，"即命众集薪烧之"——要烧死茆溪森。"上闻，遽许蓄发乃止"——福临答应再把头发蓄起来这事才算完。福临答应自己不出家了，让他的近侍太监吴良辅替他出了家。顺治十八年（1661）正月初二，吴良辅在悯忠寺剃发，福临亲往观看。回宫之后，他就发病了。五天以后，福临死于天花。

至雍正年间，千佛寺"琳宫颓敝，钟鼓寂寥"，世宗命重加修整，告成后"梵宫禅宇，焕俨辉煌，堪为大众熏修参学之所。因择琇国师下法名超善者，命主方丈，锡寺额曰拈花，揭之山门"。

拈花，表明此寺庙的僧人以修习禅宗为目的。佛陀有"拈花一笑"的典故，说是佛祖上课的时候，伸手拈起一朵花，似露微笑，却一言不发。弟子们知道佛祖此举含有深意，但都不能理解，只有大弟子摩诃迦叶破颜一笑。佛祖说：我有领悟佛经的妙法，方才已经传授给了迦叶尊者，如果你们想知道，就去向他学习吧。然后佛祖就把金缕袈裟、钵盂授予迦叶。这便是"衣钵真传"的典故。

禅宗因此把摩诃迦叶列为"西天第一代祖师"。这也就是禅宗的起始。

雍正帝重修拈花寺，有支持并倡导禅宗的意思。他在碑文中说："朕阅《玉林苢溪语录》，叹其高风卓识，超拔丛林。"这时玉林苢溪师徒已经去世多年了，雍正帝"颁谕表彰，追封赐祭"。他见京城的寺庙棋布、僧人日众，"而禅宗愈衰"，所以重修拈花寺扶持禅宗，"以为直省刹寺倡，朕有厚望焉"。

山门额曰："敕建拈花寺"。大殿外额曰"觉岸慈航"，世宗皇帝御书。大殿内额曰"普明宝镜"，乾隆帝御笔。大雄宝殿月台前，立有雍正御书拈花寺碑。

白塔寺：中尼友谊传佳话

　　北京中轴线之西、阜成门内大街路北，一座白塔庞然矗立。洁白的塔身在蔚蓝色天空的衬托之下，显得格外耀眼；塔尖上的相轮，在日光下熠熠闪耀着金光。

　　白塔所在的妙应寺，俗称白塔寺，是建成于元至元十六年（1279）的一座藏传佛教格鲁派寺院，初名"大圣寿万安寺"。那座至今已建成 740 余年的白塔，是中国现存年代最早、体量最大的覆钵式塔。它全高 50.9 米，由塔基、塔身、相轮、华盖和塔刹组成。塔基为三层方形的须弥座，面积为 810 平方米，分为三层。塔身为直径 18.4 米的巨型覆钵，上面加有 7 道铁箍，使塔身非常坚固。塔身之上的 13 层相轮又名十三天，呈圆锥体。顶端承托着圆形华盖，周边悬挂着 36 片花鬘流苏和 36 个铜制风铃。华盖之上为一座小塔形的镏金塔刹，塔刹顶部还铸有精美相轮。这座白塔不仅是一座雄伟美丽的建筑，而且还是中国、尼泊尔友谊的象征——它是由尼泊尔匠师阿尼哥主持建造的。

阿尼哥来到元大都

今天，人们走进妙应寺，可以在白塔之下看到一尊阿尼哥的全身塑像。他面带微笑，仿佛向人们讲述着一段中尼友谊史。

尼泊尔，古称尼波罗。在距首都加德满都东南三五千米的地方，隔河相望，有座今天被称为"露天博物馆"的帕坦城。这座城市寺庙相接、佛塔林立，古称拉利特普尔，意为"艺术之城"。13世纪，阿尼哥就出生在这个城市的一个贵族之家。

阿尼哥，又作阿尔尼格。《元史》中说，国人称他为巴鲁布，意思是"天才"，因为他"幼敏悟异凡儿"。《元史·方技》中对阿尼哥的记载非常简短，元人程钜夫在阿尼哥逝世后奉命为他撰写《凉国敏慧公神道碑》碑文，收在《雪楼集》中。这篇碑文为我们留下了关于阿尼哥的较多资料。

据碑文中说，阿尼哥三岁的时候，大人带他去寺庙礼佛。他望着那些佛塔问大人："这么精美漂亮的塔，是什么人建造的呀？"一个三岁的孩子提出这样的问题，很令大人惊讶。长到六七岁的时候，他的神情气质已俨然是一个成人了。上学读经文，"未久已通，兼善其字"——不仅很快就能领会，还会书写，让一些多年的学者都自愧不如。《尺寸经》是一本关于制造工艺的书，他听一遍就记住了。

中统元年（1260），忽必烈命八斯巴在吐蕃（今西藏）建造一座金塔。八斯巴知道尼波罗有能工巧匠，就让尼波罗国王征召选派。国王挑选了八十名匠人，让他们从中推选一个人作首领，带队东行。推来选去，谁也不敢当。阿尼哥自告奋勇：让我来当吧。国王见他还是个少年，就问他多大了，他回答说：十七岁了。实际上他还不满十六岁。国王说：你还年幼啊！他说："我身幼，心不幼。"于是国王同意了。

阿尼哥带领这八十名工匠东行来到吐蕃。八斯巴一见到他，也很惊讶，但还是让他负责督造金塔了。两年后，金塔建成，阿尼哥请求回国。八斯巴劝他一同前往中原去见元世祖。

八斯巴给他剃掉了头发，收他做弟子，并"授以秘典"，然后把他带到了元大都，推荐给了元世祖忽必烈。

忽必烈见到他，打量了他许久，问道："你从一个小邦来到我大国，不害怕吗？"

阿尼哥说："圣人视天下百姓为子民。我见圣上，有如儿子见父亲，有什么可害怕的呢！"忽必烈又问道："你为什么而来？"

阿尼哥说："我家在西域，为建金塔来到吐蕃，两年后金塔建成了。我看到那里的士兵艰难、百姓生活困苦，我想让陛下体恤他们、给他们以幸福。为

白塔寺的阿尼哥塑像

了他们，我才不远万里来见陛下的。"

忽必烈说："你都会做什么呢？"

阿尼哥说："我以心为师，会雕塑绘画铸造金像。"

忽必烈大喜，叫人拿来一个铜人。铜人身上标注着用于针灸的经脉穴位，由于年深日久，已经缺坏了。忽必烈说："这是当年宣抚使王檝从宋朝带回来的，可惜已经残破。我让匠人们修复它，匠人们都说修不了。你能把它修好吗？"

阿尼哥说："我虽然没有做过，但我可以试试。"

至元二年（1265），阿尼哥将修好的铜人呈给忽必烈。忽必烈见了非常高兴，把当初说修不了的匠人都叫了来，说："你们看看，这不是修好了嘛！你们不是说没办法修吗？"匠人们说："此天功，非人所及也！"

建造白塔塑孔子像

阿尼哥从此受到忽必烈的重视，一些建造寺庙、塑造神像等重要工程都交给他去督办。于是他在中原大地大展才艺，大都城的佑圣宫里的城隍"肖貌如生"，高粱河畔的护国仁王的"庄严无上"……"凡两京寺观之像，多出其手"。（据《元史》）

至元九年（1272），阿尼哥得了一场大病。忽必烈不断派人来慰问。病好之后，忽必烈派给他十个卫兵，"供珍馔，赐以金腰舆"。就在这一年，由他主持的大圣寿万安寺（即妙应寺）开工建造了。这是元世祖忽必烈为自己建造的，希望得到神佛的庇佑，生命永久、天下万宁。

至元十年（1273），忽必烈任命阿尼哥为诸色人匠总管，佩银章虎符，"统四品以下司局十有八"。这期间，他主持为内廷制作了大鹏金翅雕、宫廷里喝酒用的"尚酝巨瓮"、忽必烈出行时为前导的"七宝镔铁法轮车"，还有千手千眼观音、五方如来以及太子等人的金印等等。

元代有两个都城，一个是位于今天北京城的元大都，一个是位于今内蒙古多伦县西北的上都。元朝的皇帝每年初夏动身去上都，秋凉后返回大都，所以，对上都的建设也很重视，许多寺庙工程也是由阿尼哥主持的。至元十一年（1274），上都建立了国学，忽必烈命阿尼哥造孔子和十哲塑像。完成之后，赏给他许多金银，还在大都城咸宜里（今西单北大街路西）赐给他一套住宅，从此他成为大都正式居民。

至元十五年（1278），忽必烈命阿尼哥还俗"返初服"，授他为光禄大夫、大司徒，兼领匠作院事，"印秩皆视丞相"——在朝中的地位等同于丞相，赐冕服玉带、锦衣金带、貂裘帽、鞍辔车马，还给他找了女人做妻子。

至元十六年（1279），大圣寿万安寺白塔初步建成。此前中原所建造的佛塔，都是下丰上锐、层叠而上的。万安寺的白塔被称为"覆钵式"——主体像一个倒扣的僧人吃饭用的钵，足细、肩粗，又像"胆之倒垂"。而肩部以上，又立一塔，长项凌空，节节拔起，塔尖顶以铜盘，盘上又一铜塔。塔身里是有宝物的，据传说有石函，函内有佛舍利二十颗，青泥小塔两千座，贮满香水的宝瓶，瓶底一枚铜钱，上文"至元通宝"；案上摆放着五部佛经，供奉着十种异果，案前两个龙王"跪而守候"。这些宝物由忽必烈检视后永久封闭在塔里。

据说忽必烈亲临工地时，只见"奇光烛天"。忽必烈非常高兴，

五台山大白塔

当即赏赐阿尼哥"京畿良田亩万五千，耕夫指千，牛百，什器备"。

这座历时八年建成的白塔，为元大都城大增异彩。《元史》中誉之为"金城，玉塔"。

他主持建造的工程还有：至元十七年（1280），建城南寺；至元二十年（1283），建兴教寺；至元二十八年（1291）创浑天仪及司天器物；元贞元年（1295），建三皇庙于京师，又建万圣佑国寺于五台山；大德五年（1301），建造五台山白塔。

忽必烈已于至元三十一年（1294）去世，元贞和大德，是成宗铁穆耳的年号。忽必烈在大都城为自己建造了大圣寿万安寺，成宗铁穆耳也要在五台山为自己建造一座万圣佑国寺；大都的大圣寿万安寺建有白塔，五台山的万圣佑国寺也要建一座白塔。这项工程当然又落在阿尼哥的肩上。由他设计建造的五台山这座白塔，比大都城的白塔高出 5.5 米，塔身略瘦，显得更为挺拔。

五台山白塔落成之日，成宗铁穆耳亲临，赏阿尼哥白金万两。

忽必烈时代把国学和孔庙建在了上都。作为文化政治中心、首善之区的大都城，竟没有孔庙，国学寓于他署，"风化攸关"哪，这怎么成！（南城倒是有座文庙，可那还是辽金时建的呢。）在大臣们的极力呼吁之下，国学和孔庙于大德六年（1302）在大都城内落成，阿尼哥奉命为孔子和他的弟子们造像。

阿尼哥对接受这项工程很高兴，大概是他认为这项工程更有意义、更为重要吧。碑文中说他"奉诏感激，益尽心思焉"。

阿尼哥长眠冈子原

光阴荏苒，阿尼哥老了，干不动了。大德十年（1306）闰正月丁酉，他躺在卧榻上长眠了，享年六十二岁。元成宗追封他为凉国公、上柱国，谥敏慧。碑文中说他："最其平生所成，凡塔三，大寺九，祠祀二，道宫一。若内外朝之文物礼殿之神位，宫宇之仪器组织，镕范抟埴丹粉之繁缛者，（无）不与焉。"《元史》中说："凡两京寺观之像，多出其手"，"宠遇赏赐，无与为比"。

他生前共娶了十个妻子，生有八个女儿、六个儿子——他们都留在了中国。

按照尼泊尔的习俗，他的遗体被火化了，骨灰安放在宛平县香山乡冈子原的一座佛塔里。香山乡冈子原，这个地名是元代的，不知是今天的什么地方，会不会就是丰台区云冈的那座镇岗塔呢？

　　大圣寿万安寺在元朝末年毁于雷火，白塔却安然无恙。明天顺元年（1457）重修寺庙，改称妙应寺。1976年唐山大地震把塔刹震歪，1978年大修时发现一批于清乾隆十八年（1753）在塔刹敬装的镇塔之宝，包括镶嵌有四十四颗红宝石的赤金舍利长寿佛，七千余卷的《大藏经》，缀有上千颗珍珠、珊瑚、宝石的五佛冠、袈裟等，其中乾隆御书的《般若波罗蜜多心经》《尊胜咒》十分珍贵难得，特别

髹漆彩绘木胎圆盘
（1978年修缮妙应寺白塔时，发现于塔刹宝顶内，现藏于首都博物馆）

黄檀木观音菩萨像
（1978年修缮妙应寺白塔时，发现于塔刹宝顶内，现藏于首都博物馆）

三世佛像和山形楠木像龛
（1978 年修缮妙应寺白塔时，发现于塔刹宝
顶内，现藏于首都博物馆）

乾隆帝御书藏文《尊胜咒》（现藏于首都博物馆）

还有在黄檀木观音像下珍藏着多层密封的三十三颗佛陀舍利。

　　1961 年，妙应寺及白塔被公布为全国重点文物保护单位。1969
年，白塔寺山门、钟鼓楼被拆除，两侧殿堂僧舍被百姓和工厂占用。
1997 年北京市政府投巨资、下大力，启动了"打开山门、亮出白塔"
工程，重建东西两侧殿堂僧舍和山门钟鼓楼。2003 年恢复白塔寺西
路，使整个院落焕然一新，以迎八方来客。

　　尼泊尔人民奉阿尼哥为"民族英雄"，妙应寺成为尼泊尔各界朋
友来京的重要参拜圣地，白塔也成为中尼两国文化交流源远流长的历
史见证。

神圣庙宇之旅

手绘 吴昊

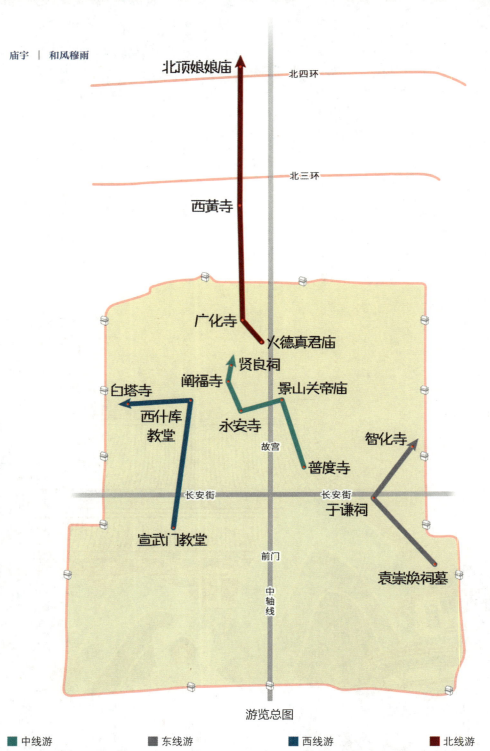

北顶娘娘庙

北四环

北三环

西黄寺

广化寺

火德真君庙

贤良祠

阐福寺

景山关帝庙

白塔寺

西什库
教堂

永安寺

故宫

智化寺

普度寺

长安街

长安街

于谦祠

宣武门教堂

前门

袁崇焕祠墓

中
轴
线

游览总图

■ 中线游　　　　　■ 东线游　　　　　■ 西线游　　　　　■ 北线游

注：景点介绍依据其所在地理位置摆放，大致与手绘街区地图匹配。受篇幅所限，手绘图与推荐游览顺序存在不一致的情况，请参照序号对应推荐游览顺序。此外，景点可能基于修缮、布展、改扩建等原因短期闭馆，建议读者提前查阅最新信息，再前往参观。

一、中线游

景山关帝庙

地址：西城区景山西街 44 号，景山公园内东北角

简介：景山关帝庙，又称护国忠义庙、立马关帝庙，建筑始建于明代，占地面积达到一千七百一十平方米，前后共有两重院落，分别供奉关帝和真武大帝。正殿恢复了光绪朝档案记载的关帝座像，供桌前四尊从神分立两侧。庙内有"皇家关帝文化与关帝祭祀"主题文化展、"关帝传奇与文化传承"主题文化展、真武殿展陈、互动体验、文创展示等。

📢 需提前一至七天在微信公众号"畅游公园"上预约购买景山公园门票。景山公园有东、南、西三个门可进入。

```
       ↑
    ⑤
  贤良祠      ④
           阐福寺
    ③
  永安寺      ②
           景山
           关帝庙
    ①
  普度寺
```

● 宣仁庙

北京市第
二十七中学

普度寺

地址：东城区南池子大街内普渡寺前巷 35 号

简介：普度寺，清初摄政王多尔衮的睿亲王府。康熙时将王府北部改建为玛哈噶喇庙，供奉藏传佛教中的大护法神大黑天。乾隆年间扩建，赐名"普度寺"。正殿名"慈济殿"，砖木结构，建造在平面呈"凸"字形的汉白玉须弥座上，殿顶为黄琉璃瓦绿剪边，面阔七间，进深三间，前出厦三间，四周绕以三十六根檐柱，出檐用三层椽子。整座大殿的建筑形式在北京独一无二。

📢 2011 年后，北京三品美术馆在普度寺不定期开馆办书画展，感兴趣的朋友可以提前关注展览信息。

北京四中

④

北岸码头

阐福寺

地址：西城区文津街 1 号，北海公园北岸五龙亭北

简介：阐福寺坐北朝南，寓意"福泽"，乾隆十一年（1746）建于明代太素殿旧址。寺内原主建筑大佛殿，规制仿正定隆兴寺。殿内原供奉用整根金丝楠木雕刻而成的千手千眼大白伞盖佛母，高约十六米，通体嵌满珠宝，"金碧照耀，冠于禁城诸刹"。1919 年，大佛殿和大佛遭火灾焚毁，仅剩山门、钟鼓楼、天王殿及大佛殿前的两座石碑。

需提前一至七天在微信公众号"畅游公园"上预约购买北海公园门票。阐福寺西侧为小西天，东侧为元代铁影壁，东北侧还有我国现存唯一一座双面的彩色琉璃照壁——九龙壁。

琼华岛

⑤

贤良祠

地址：西城区地安门西大街 103 号

简介：贤良祠坐北朝南，始建于清雍正八年（1730），为清朝祭祀有功于国家的王公大臣之所。中轴线上依次为祠门、前殿、享殿、后殿等建筑。前殿东西配殿各三间，殿前院内左右各一座六角攒尖碑亭，内立清世宗御制贤良祠碑。贤良祠为北京市文物保护单位。

东岸码头

③

永安寺

地址：西城区文津街 1 号，北海公园内琼华岛南麓

简介：琼华岛是北海公园的中心景区，金元以来为历代帝王御苑。清顺治八年（1651）于山顶建覆钵式白塔，并在塔前建寺，初名白塔寺，岛亦称白塔山。乾隆七年（1742）重修，改称永安寺。永安寺坐北朝南，沿中轴线从南到北依次是山门殿、法轮殿（前殿）、"龙光、紫照"牌坊、正觉殿（中殿）、普安殿（后殿）、善因殿和白塔。岛上遍布殿阁亭台，宛若仙境。

📢 需提前一至七天在微信公众号"畅游公园"上预约购买北海公园门票，游览永安寺（周一闭馆）应选择联票。从北海公园南门进入能够较为快捷地到达永安寺。

二、 东线游

③
智化寺

②
于谦祠

①
袁崇焕
祠墓

于谦祠

地址：东城区建国门内大街路南，新闻大厦东侧

简介：于谦（1398—1457），浙江钱塘人，明代著名政治家、军事家，明景帝时的兵部尚书。"土木之变"后，于谦率军民打败了进犯的瓦剌军，保卫了北京城。英宗复辟后诬以"谋逆"罪将其杀害，成化年间得到平反，将其故宅改为"忠节祠"，万历十八年（1590）改谥"忠肃"，并在祠中塑立于谦像。于谦祠清初曾被毁，光绪年间重建。祠坐北朝南，四合院式布局，正院正房为享堂，其内供奉于谦塑像。

②

史家胡同博物馆

建国门健身乐园

古观象台

东花市大街

智化寺

地址：东城区禄米仓胡同 5 号

简介：智化寺建于明正统九年（1444），系大太监王振所建。王振本人死于"土木之变"。天顺元年（1457），明英宗在寺内为王振立旌忠祠、塑像祭祀，香火极盛。清乾隆年间，有御史认为王振乃明代罪人，奏请皇帝将其塑像捣毁。此后寺运衰微。主要建筑自山门起依次由钟鼓楼、智化门、智化殿及东西配殿（大智殿、藏殿）、如来殿、大悲堂等构成，至今仍保留着明初规制，为研究明代建筑的极好实例。寺内古建筑、藏经橱和京音乐被誉为独具特色的三宝。智化寺是全国重点文物保护单位，智化寺京音乐于2006 年入选国家级非物质文化遗产名录。

袁崇焕祠墓

地址：东城区东花市斜街 52 号

简介：袁崇焕，广东东莞人，明末蓟辽督师，抗清名将。崇祯帝听信谗言，将袁凌迟处死。余姓义仆深夜窃走头颅，葬于广渠门内广东义园，从此世代为袁守墓。袁崇焕祠堂后为袁崇焕墓，墓前立清道光十一年（1831）湖南巡抚吴荣光题写的"明袁大将军之墓"石碑及石供桌，坟侧为余义仆之墓及石碑。袁崇焕祠墓为全国重点文物保护单位。

 由本家润园 C 区东门进入小区内即可到。

三、 西线游

③
白塔寺

②
西什库
教堂

①
宣武门
教堂

白塔巷—南楼

白塔寺

历代帝王庙

③

大悦城

复兴门内大街

白塔寺

地址：西城区阜成门内大街 171 号

简介：妙应寺俗称白塔寺，寺内白塔为元代遗物，是中国现存最早最大的覆钵式佛塔。该寺建于元至元八年（1271），初名大圣寿万安寺。至正二十八年（1368）寺遭火焚，仅白塔幸免。明宣德八年（1433）重建，改称妙应寺。现寺内的建筑大都为清代所建。乾隆皇帝曾命人在塔刹内放置一批镇塔之物，均为佛教的稀世之宝。白塔寺为全国重点文物保护单位。

📢 参观完白塔寺，再向东两百米，还可参观历代帝王庙。

西什库教堂

地址：西城区西什库大街 33 号

简介：西什库教堂是一座哥特式建筑，本名救世堂，又称北堂，是北京现存最大的一座教堂。康熙年间，皇帝染上疟疾，因服用传教士的奎宁得以痊愈，批准他们建蚕池口教堂。光绪十四年（1888），由清廷拨款、拨地，将教堂迁至西什库今址。光绪二十六年（1900）义和团和清军攻打教堂，庚子议和后由清政府出资重修。西什库教堂为全国重点文物保护单位。

宣武门教堂

地址：西城区前门西大街 141 号

简介：宣武门教堂又称南堂，为典型的巴洛克风格，是北京地区最古老的天主堂。明万历三十三年（1605），意大利神父利玛窦始建。清顺治七年（1650），德国传教士汤若望扩建。比利时耶稣会士南怀仁继任神父，康熙帝两次亲临看望，为南堂御笔"万有真元"和"敬天"匾额。乾隆四十年（1775）南堂遭火，康熙御笔匾额被毁，乾隆帝御笔重题，将原"万有真元"改为"万有真原"。光绪二十六年（1900），南堂被义和团焚毁，光绪三十年（1904）重建。南堂为全国重点文物保护单位。

四、 北线游

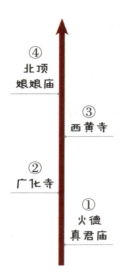

④
北顶
娘娘庙

③
西黄寺

②
广化寺

①
火德
真君庙

②

广化寺

地址：西城区鼓楼西大街鸦儿胡同 31 号

简介：广化寺建于元至正年间，坐北朝南，占地面积二十余亩，拥有殿宇三百二十九间。中路是全寺主体建筑所在，有山门、天王殿、钟鼓楼、大雄宝殿、藏经阁等；东路由戒坛、斋堂、学戒堂等组成；西路有大悲坛、祖堂、法堂、方丈院等。寺两旁增建东二路和西二路。整座寺庙古柏苍翠，幽静肃穆。广化寺是汉族地区佛教全国重点寺院，北京市佛教协会所在地。

鼓楼西大街

鼓楼

①

火德真君庙

地址：西城区地安门外大街 77 号

简介：火德真君庙俗称火神庙，坐北朝南，三进院落，相传始建于唐代，明万历年间重修，赐琉璃瓦并增碧瓦重阁，乾隆朝山门及后阁俱加黄瓦。南北中轴线上为隆恩殿、火祖殿、斗姥阁、万岁景命阁（俗称玉皇阁）。火祖殿供奉南方火德荧惑星君，殿顶的漆金八角蟠龙藻井，精巧无比。主殿后建有两层重阁，历来为赏游胜地。火德真君庙为北京市文物保护单位。

地安门外大街

什刹海

④

北顶娘娘庙

地址: 位于奥运主场馆区内，与国家体育场、国家游泳中心毗邻

简介: 北顶娘娘庙是北京历史上著名的"五顶"之一，是北京城中轴线北延长线上的标志性建筑。该庙始建于明宣德年间，清乾隆时奉敕重修。庙中原供奉碧霞元君、天仙娘娘、送子娘娘、东岳大帝、关帝、药王等神祇，沿中轴线依次排列的主体建筑有山门殿、天王殿、娘娘殿、东岳殿、玉皇殿等四进院落。北顶娘娘庙为北京市文物保护单位。

③

西黄寺

地址: 西城区德胜门外黄寺大街 11 号

简介: 黄寺原为东、西两座皇家寺院，合称双黄寺。顺治九年十二月（1652 年 1 月），五世达赖喇嘛驻锡于此。乾隆四十五年（1780），六世班禅来京贺高宗七十寿辰，不幸因病圆寂。乾隆皇帝"诏命于寺之西偏建清净化城塔及塔院"，塔内葬六世班禅的衣冠。寺内依中轴线有山门、钟鼓楼、天王殿、大殿、东西碑亭、清净化城塔、慧香阁等三进院落。主塔高十六米，须弥座、束腰等部位的雕刻极其精美。